Der Mann, der das Auto fuhr

Max Pemberton

Writat

Diese Ausgabe erschien im Jahr 2024

ISBN: 9789359940540

Herausgegeben von
Writat
E-Mail: info@writat.com

Inhalt

DAS ZIMMER IN SCHWARZ

Man sagt, dass jeder Mann einen Herrn haben sollte, aber ich für meinen Teil bevorzuge eine Geliebte. Geben Sie mir eine nette junge Frau mit viel Geld in der Tasche und ein wenig Gespür dafür, das Leben zu sehen, und ich werde Ihnen alle neugierigen „ Liebhaber " überlassen, die jemals an einem Getriebe geschnüffelt haben, ohne zu wissen, was darin drin war .

Ich habe in meinem Leben viele hübsche Mädchen gefahren; aber ich weiß nicht, dass die Schönste nicht Fauny war Dartel , vom Apollo. In dieser Geschichte geht es nicht um sie – außer in gewisser Weise –, also spielt es keine große Rolle; Aber als ich Fauny zum ersten Mal kennenlernte , bekam sie in „The Boys of Boulogne" dreißig Bob pro Woche, und da sie mir jeden Samstag drei Pfund zehn zahlte und die Fahrt mit dem Auto sie etwa vierhundert pro Jahr kostete, muss sie das gewesen sein einer rettenden Disposition. Sicherlich eine bessere Geliebte, die sich kein Mann wünscht – nicht Lal Britten, die wirklich Ihnen gehört. Ich fuhr sie fünf Monate lang und hatte nie ein Wort mit ihr. Dann kam ein Mann, der sich als Gerichtsvollzieher ausgab, und nahm ihr das Auto weg, und am Samstag war kein Geld für mich da. Ich nehme also an, dass sie in den Adelsstand eingeheiratet hat.

In meiner Geschichte geht es nicht um Fauny Dartel , obwohl es mit ihr zu tun hat. Es geht um einen Mann, der nicht wusste, wer er war – zumindest sagte er das – und der nicht sagen konnte, warum er es tat. Wir holten ihn vor dem Carlton Hotel ab, Fauny und ich,[1] drei Nächte bevor „The Boys of Boulogne" aufs Land ging und „The Girls" aus einem anderen Laden ihren Platz einnahmen. Ich erinnere mich, dass sie mit ihrem Bruder zu Abend essen wollte – erstaunlich, wie viele Brüder sie auch hatte – und ich wollte zu den Stallungen am Lancaster Gate zurückkehren, als ich sie gerade abgesetzt hatte und gerade wegfahren wollte Da kommt ein fröhlich aussehender Mann in einem feinen Pelzmantel und einem Opernhut und fragt mich, ob ich ein Taxi hätte. Herr, wie ich ihn angestarrt habe!

„Fahren Sie selbst", sage ich, „und aus welcher Anstalt sind Sie geflohen?"

„Oh, komm, komm", sagt er, „sei nicht verärgert. Ich wollte nur bis zum Portman Square gehen."

„Dann rufen Sie einen Möbelwagen", sage ich, „vielleicht holen sie Sie dann an Bord."

Mein Ding war fertig, das sage ich Ihnen, denn ich saß auf dem Kutschbock des hübschesten Daimler-Landaulettes, das je aus Coventry kam, und wenn es etwas gibt, was ich nie sein möchte, dann ist es der Fahrer eines Säulenkastens mit einer Fahne darin sein linkes Ohr. Zweifellos hätte ich dem Herrn noch viel mehr sagen sollen, wenn dann, was wohl passiert, Fauny selbst auftaucht und mir sagt, ich solle ihn mitnehmen.

„Ich bin sicher, wir würden uns wünschen, dass jemand das Gleiche für uns tun würde, wenn keine Taxis in der Nähe wären", sagt sie sehr freundlich; „Bitte nimm den Herrn, Britten, und dann kannst du nach Hause gehen."

Nun, ich saß da und war genauso erstaunt wie jeder andere auf dem Haymarket. Es stimmt, dass im Moment keine Taxis am Stand waren; aber er hätte eins bekommen können, indem er hundert Meter den Trafalgar Square entlang gelaufen wäre, und sie musste es genauso gut gewusst haben wie er. Trotzdem lächelte sie ihn süß an und er lächelte sie an – und dann hielt er mit einer gewaltigen Bewegung seines Hutes eine galante Rede an sie.

„Ich stehe unter tausend Verpflichtungen", sagt er; „Wirklich, ich konnte mich nicht einmischen."

„Oh, steig ein und geh weg", sagt sie und schubst ihn fast. „Ich werde mein Abendessen verlieren, wenn du es nicht tust."

Er gehorchte ihr sofort und los ging es. Sie werden sich erinnern, dass er von einem Haus am Portman Square gesprochen hatte; Aber kaum war ich um die Ecke beim Criterion, als er durch die Röhre zu mir sprach und mir sagte, ich solle zu Playford's am Berkeley Square gehen. Dort blieb er stehen, obwohl es schon zwölf Uhr war; und als er geklingelt hatte und das Haus betrat, musste ich gut fünfzehn Minuten warten, bis er für die zweite Etappe bereit war.

„Ist es jetzt Portman Square?" Ich fragte ihn. Er lachte und drückte mir einen Sovereign in die Hand.

„Ich sehe, dass Sie einer von der richtigen Sorte sind ", sagte er. „Würde es Ihnen etwas ausmachen, für zehn Minuten zur King's Road, Chelsea, zu laufen? Vielleicht gibt es noch einen Souverän, bevor wir heute Abend ins Bett gehen."

Ich habe das Geld eingesteckt – es gibt nicht viele Fahrer, die in dieser Linie weit vom vierten Gang entfernt sind, und Lal Britten ist da keine Ausnahme. Was den Herrn betrifft, so schien er ein fröhlicher Kerl zu sein, und er wirkte überall wie ein Herzog – die Art von Mann, der „Tu es" sagt und dich jedes Mal dort vorfindet. Wir waren etwa eine Viertelstunde nachdem er gesprochen hatte, an der King's Road in Chelsea und hielten dort an den Türen zahlreicher Ateliers an, in denen, wie ich seitdem erfahren habe, einige der großen Maler des Landes arbeiten Behalten Sie ihre Bilder. Hier war mein Freund vielleicht zwanzig Minuten weg, und als ich ihn das nächste Mal sah , hatte er drei auffällige Damen bei sich, und jede davon war so elegant wie er.

„Verwandte von mir", sagt er, während er sie in die Landaulette schiebt und selbst die Tür schließt. „Jetzt können Sie so schnell zum Portman Square fahren, wie Sie möchten, denn ich bin selbst ein Frühaufsteher und bin kein Freund von später Stunde."

Nun ja, ich starrte, da bin ich mir sicher, obwohl das Starren bei weitem nicht zu diesem Rätsel passte. Meine Herrin hatte ihr Landaulette einem Fremden geliehen; aber ich war mir sicher, dass ihr so etwas nicht gefallen hätte – und doch, denken Sie daran, der Herr hatte mir gesagt, ich solle zum Portman Square fahren, also konnte es doch nicht viel sein.

Was die Damen betrifft, war es nicht meine Aufgabe, mit ihnen zu streiten. Sie waren alle sehr gut gekleidet und benahmen sich perfekt. Ich kam zu dem Schluss, dass ich es mit einem reichen Mann zu tun hatte, der eine Biene im Hut hatte, und als meine Neugier die Oberhand gewann, fuhr ich wortlos zum Portman Square.

Nun, das dürfte etwas nach zwölf Uhr gewesen sein. Ich glaube, es war Viertel vor eins, als wir in den Portman Square einbogen, und er begann, das Signal auf dem Fahrersitz zu betätigen, das einem sagt, ob man nach rechts oder links, langsam oder langsam, raus oder nach Hause fahren soll wieder. Allerlei widersprüchliche Befehle verwirrten mich, als wir schließlich vor einem großen Haus auf der Seite der Oxford Street anhielten, und dieses hatte zu meinem Erstaunen ein „Zu vermieten"-Schild im Fenster und ein weiteres an der Säule der Eingangstür . Was noch erstaunlicher war, war die Tatsache, dass dieses leere Haus – denn das sah ich auf den ersten Blick – gerade vom Keller bis zum Dachboden erleuchtet war, während bis zu drei Möbelwagen auf dem Bürgersteig standen und anfuhren ihren Inhalt so schnell, wie ein Dutzend Männer sie tragen könnten. Das alles habe ich wohlgemerkt auf einen Blick erfasst. Mir wurde keine Zeit gelassen, darüber nachzudenken, denn der Fremde war im Handumdrehen aus dem Auto und hatte mir in zwei Schritten meine Anweisungen gegeben.

„Hier ist dein Souverän", sagt er; „Wenn du zehnmal so viel verdienen willst, komm um vier Uhr zu mir zurück – oder, noch besser, bleib und hilf ihnen drinnen . Wir wollen heute Abend jede Hilfe, die wir kriegen können, und machen uns keine Sorgen." Es. Du kannst hier dein Abendessen bekommen und das Auto vorbeibringen, wenn ich bereit bin.

Nun, ich wusste nicht, was ich tun sollte. Meine Herrin hatte nichts davon gesagt, dass sie bis vier Uhr aufbleiben solle – aber zehn Pfund Sterling hatte sie übrigens auch nicht erwähnt –, und da redete dieser fröhliche Herr ganz leichthin darüber.

Für mich begann der Spaß an der ganzen Sache zu greifen, und ich beschloss, es um jeden Preis durchzuziehen. Am Portman Square war etwas los, und daran besteht kein Zweifel – und warum sollte Lal Britten im Regen stehen bleiben? Nicht viel, das kann ich dir sagen. Und ich hatte das Auto in der Garage an der Edgware Road abgestellt und war genauso schnell zurück beim Haus des alten Herrn, wie es jeder Fahrer hätte schaffen können.

Dort fand ich den Platz halbvoll mit Menschen. Drei Polizisten standen an der Tür des Hauses, und eine hübsche Schar von Faulenzern, wie sie auf einer Party in London immer zusammenkommen können, schaute dem Spaß zu, obwohl sie nicht viel daraus machen konnten. Auf die Frage, worum es bei dem Tumult ging, erzählte mir ein Mann, dass Lord Crossborough plötzlich vom Land hergekommen sei und in Nr. 20B „sein Jubiläum feierte".

„Die Hälfte der Fröhlichkeit ist da, ganz zu schweigen von der Lustigen Witwe", sagt er, als ich mich an ihm vorbeidränge, „und beeilen Sie sich nicht, Chef , denn Sie haben Ihr Diamanthalsband vergessen. Sie." Ich werde dort oben nichts sagen, nicht, wenn du in einem Schlagrock und einem Staubwedel hingehen würdest, schau mir zu , sie würden nicht –" Aber ich hörte nicht auf ihn und ging zur Haustür hinauf Als ich an den Polizisten vorbeikam, sagte ich ihnen, dass ich Lord Crossboroughs Fahrer sei, und ging direkt hinein.

Mittlerweile habe ich in meinem Leben viele lustige Szenen erlebt, viele lustige Herren gesehen, ganz zu schweigen von lustigen Damen, und in vielen guten Autos viel Spaß gehabt. Aber ich möchte gleich sagen, dass ich nie eine größere Überraschung erlebte, als als ich nach 20B zurückkam und mich in der leeren Halle zwischen zwanzig oder dreißig Paar gelben Hosen und ebenso vielen Köchen in weißen Schürzen wiederfand, die alle drängten und schrien und schwörte, dass das Tor zum Bereich verschlossen und verriegelt sei und die Küche nicht in einem geeigneten Zustand sei, um einem Hund das Abendessen zu servieren.

Oben auf dem Treppenabsatz trugen Männer in weißen Schürzen Pflanzen in Töpfen und bauten Rosenbänke auf; Während weiter oben noch Lord Crossborough selbst stand – der Herr, den ich aus dem Carlton vertrieben hatte –, rief er ihnen zu, dies und das zu tun, rauchte eine Zigarre, die so lang war wie Ihr Arm, und die ganze Zeit so fröhlich wie ein Zweijähriger. alt im Morgengalopp.

Was die jungen Damen betrifft, so hatten sie ihre Umhänge abgelegt und trugen alle hübsche Gewänder, wie sie sie zu jeder Party in diesem Teil der Welt tragen würden, und sie standen an der Seite Seiner Lordschaft, offenbar genauso amüsiert wie er War. Was mich besonders erstaunte, war die Freundlichkeit dieses Edelmanns mir gegenüber, denn er schrie auf, als er mich sah, und flehte mich um Himmels willen an, das Vorhängeschloss vom Tor zu entfernen, oder, wie er sagt: „Ich wäre tot, wenn sie." Ich werde die Enten im Wohnzimmer nicht kochen.

Ich war nur allzu bereit, ihm zu gehorchen, das versteht sich von selbst, obwohl ich in die Garage laufen musste, um eine Feile und einen Meißel zu holen, und als ich zum zweiten Mal zurückkam, brauchte ich zwanzig Minuten, um das Vorhängeschloss zu lösen , woraufhin sie mich, wie sie sagten, nach oben schickten, „um bei den Wohnungen zu helfen." Dann entdeckte ich, dass im Salon ein Theaterstück oder so etwas aufgeführt werden sollte, dessen hinterer Teil voller Kulissen war, die ein Schloss auf einem Abgrund und einen Blick auf das Themse-Ufer direkt darunter zeigten. Währenddessen standen in der kleinen Bibliothek auf der anderen Seite der Treppe zwanzig oder dreißig Ballettmädchen, die gerade aus einem der West End-Theater kamen.

Gleich nachdem sie angekommen waren, stolperten einige Geigenspieler die Treppe hinauf und der Spaß begann. Ein richtiger Herr, der zu wissen schien, wovon er sprach, obwohl er natürlich alle Damen seine „Lieblinge" nannte, begann, sie auf Herz und Nieren zu prüfen. Ich sah eine unserer führenden Musikerinnen die Treppe aus den darüber liegenden Räumen herunterkommen, und bald kamen viele Gäste aus der Halle unten und gingen in den großen Salon, wo das Publikum sitzen sollte. „Schließlich", sage ich, „ist dies nur der Spaß seiner Lordschaft – er gibt eine dieser spontanen Partys, von denen wir so viel gehört haben, und dieses Schauspiel ist die Überraschung." Sie werden gleich sehen, wie sehr ich mich geirrt habe.

Nun ja, das Stück verlief recht fröhlich, wie es hätte sein sollen, da es von Leuten aufgeführt wurde, die ihren Lebensunterhalt mit Theaterstücken bestreiten müssen. Als es vorbei war, stand Seine Lordschaft auf und sagte etwas über ihr Abendessen, nicht auf englische, sondern auf französische Art, so wie sie es im Catsare [2] in Paris tun. Das gefiel ihnen allen sehr, und ich konnte erkennen, dass es sich bei den meisten von ihnen überhaupt nicht um echte Damen und Herren handelte, sondern um ein böhmisches Gesindel, das auf Bummeltour war und fest entschlossen war, eines zu haben. Das Abendessen selbst war die amüsanteste Angelegenheit, die Sie je gesehen haben; Denn was blieb ihnen anderes übrig, als sich genau dort, wo sie standen, auf den Boden fallen zu lassen, sich überhaupt nicht um die nackten Dielen zu kümmern, und kaltes Hühnchen und Brötchen aus Papiertüten zu essen, die ihnen der Diener zuwarf. Was den Schnaps angeht, hätte man meinen können, dass sie nie genug davon haben könnten – aber es steht mir nicht zu, etwas dazu zu sagen, da ich unten in der Ecke neben dem Wintergarten eine Flasche des Besten für mich allein hatte, und zwar mehr als eine Papiertüte, als die erste leer war.

Nun beschäftigte sie dieses Abendessen bis fast drei Uhr morgens. Ich erkenne – wie ich es bei der Polizei tun musste –, dass es erst Viertel nach drei war, als die eigentliche Angelegenheit begann, und eine ziemlich beängstigende Angelegenheit, wie meine Fortsetzung zeigen wird. Zuerst begann es mit den Kehrern, die mit langen Besen die Trümmer der Vittals zusammenkehrten und anschließend duftendes Wasser versprühten, um den Staub zu verteilen. Dann spielten die Musiker eine traurige Melodie, und danach, was denken Sie? – warum, kamen eine Reihe von Bühnenschreinern herein, die begannen, den ganzen Raum mit Schwarz zu behängen.

Ich habe Ihnen bereits gesagt, dass es ein leeres Haus war und kein einziges Möbelstück darin war, außer dem, was wir dorthin trugen – Sie werden also sehen, dass diese ganze Angelegenheit schon vor langer Zeit arrangiert worden sein muss, denn die schwarzen Vorhänge waren alle angefertigt passend zum Raum, und daran hingen sie schwarze Kerzenständer mit gelben Kerzen darin – so melancholisch wie die, die man für eine Beerdigung verwendet, und genau von der gleichen Art, soweit ich sehen konnte. Das interessierte das Unternehmen sehr. Ich konnte alle möglichen Bemerkungen des Gesindels hören, das sich auf der Treppe liebte; und bald drängten sie sich alle in den Raum und hörten Lord Crossborough zu , während er ihnen eine Rede hielt.

Lassen Sie mich gestehen, dass ich das, was ich über diese Rede weiß, hauptsächlich aus den Zeitungen erfahren habe. Seine Lordschaft sprach von seinen Familienangelegenheiten, und zwar auf eine Weise, die die Gesellschaft durchaus in Erstaunen versetzen konnte.

Zunächst erwähnte er seine eigenen Exzentrizitäten während der letzten fünf Monate, als er sich, wie er sie erinnerte, aus dem öffentlichen Leben zurückgezogen hatte und nach Hertfordshire gegangen war, um eine Akademie zu gründen, wo er mit ein paar geselligen Leuten Latein und Griechisch lernen konnte und vergessen Sie die schöne Zeit, die er früher in London verbracht hatte.

Das, sagte er, sei eine ziemlich langsame Angelegenheit gewesen und habe ihm ziemliche Sprünge beschert. Er begann, nach den alten Zeiten zu seufzen. Platon und Sokrates waren gute alte Jungs, aber er bevorzugte „Die Jungen von Boulogne“ im Apollo, und daran besteht kein Zweifel. Deshalb hatte er es aufgegeben, mit Platon und dem anderen Herrn den Haushalt zu führen, und war gerade auf dem Weg nach Frankreich, als er das Abenteuer von Kapitän Blackham mit Jenny Frobisher vom Opernhaus entdeckte und mehr darüber erfahren wollte. Dachten sie, er würde sich das gefallen lassen? Nicht eine Minute lang, und da er sah, dass man in solchen Angelegenheiten in diesem Land kein Recht bekommen kann, wollte er seine eigenen Gesetze erlassen. Noch am selben Abend hatte er Kapitän Blackham gebeten, in dieses Haus zu kommen, damit sie sich treffen und die Sache austragen könnten, wie es sich für Herren gehörte. Einer von ihnen wollte nicht zurückkehren – er überließ es der Firma, zu bezeugen, dass alles wie unter Ehrenmännern abgelaufen sei , und er flehte sie an, sein Vertrauen zu bewahren. Da war es schon halb drei. Sie könnten den Kapitän in zehn Minuten erwarten , während dieser Zeit würde er seine Vorbereitungen treffen. Er war sicher, dass sie ihn niemals verraten würden.

Sie können sich vorstellen, welche Aufregung diese Rede auslöste. Ich war zu diesem Zeitpunkt am Fuß der Treppe und konnte hören, wie die Frauen einander zuriefen und wie die Männer fragten, was das alles zu bedeuten habe. Eine solche Verwirrung und ein solches Geschwätz werde ich nie wieder in irgendeinem Haus hören. Einige rannten die Treppe hinunter und riefen nach ihren Kutschen, die Musikkapelle spielte, Seine Lordschaft rief nach seinen Dienern – und zu all dem kam plötzlich der Kapitän , der ein Paar Schwerter in der Hand trug – das konnte kein Irrenhaus habe dazu gepasst.

Gut genug, sage ich, dass Lord Crossborough die Leute bittet, ihn nicht zu verraten; Aber welche Frau konnte unter solchen Umständen den Mund halten, und wie kam er auf die Idee, dass ein solches Spiel gespielt werden konnte und die Polizei nichts davon hörte? Ich sage Ihnen, dass ein halbes Dutzend Mädchen „Mord!" schrien. Noch bevor fünf Minuten vergangen waren, flehten noch viele weitere die Polizei draußen an, aufzustehen und das Ganze zu stoppen. Ich selbst machte mir keinen Hehl daraus; Und da ich am nächsten Tag nicht vor einem Polizeigericht erscheinen wollte und fest davon überzeugt war, dass Lord Crossborough genauso verrückt war wie jeder andere Mieter im ersten Stock von Hanwell, drängte ich mich durch die Presse und ging in die Garage. Zehn Pfund oder nicht zehn Pfund , ich wollte ins Bett. Wollen Sie mich fragen, ob ich überrascht war, als ich auf dem Weg zum Auto die allererste Person, die ich traf, Seine Lordschaft war, mit einer etwa sieben Zoll langen Zigarre im Mund und einem ebenso hübschen Lächeln über seinem langen schwarzen Bart wie ich? Habe das schon oft gesehen.

„Nun, mein Junge", sagt er, öffnet ganz ruhig die Tür und tritt ein, ohne sich mehr Sorgen zu machen, als wenn ich ihn gerade vom Carlton zum Hyde Park Corner gefahren hätte, „nun, ich denke, wir werden uns das Extra bald verdient haben." Zehn-Pfund-Schein. Das nächste Haus liegt in Hertfordshire – drei Meilen von Potter's Bar entfernt, an der Straße nach Five Corners. Wissen Sie es übrigens zufällig?"

Ich konnte ihm vor Erstaunen kaum antworten.

„Aber was ist mit dem Kapitän , Sir", rief ich.

„Oh", sagt er, „der Kapitän wird mich nie wieder belästigen. Jetzt stehen Sie auf und beeilen Sie sich. Ist Ihre Rücklampe in Ordnung? Das ist gut – ich wünsche insbesondere allen Polizisten, dass sie unsere Nummer bekommen. Gehen Sie geradeaus und halten Sie an Niemand. Es ist ein großes Haus, wurde mir gesagt, und wir können es nicht verfehlen.

„Aber", rief ich, „ist es nicht das Haus Ihrer Lordschaft?"

Er lachte, das fröhlichste Lachen der Welt.

„Ich war noch nie in meinem Leben dort", sagt er; „Jetzt mach weiter, um Himmels willen, sonst hast du den Morgen hier."

Mir fehlte ein Wort dafür, und da ich mich fragte, ob ich verrückt geworden war oder er, ließ ich den Daimler aussteigen und fuhr direkt die Baker Street hinauf, durch den Park und hinaus auf die Finchley Road. Die Polizei hat in der Regel ein Auge auf diese Strecke geworfen, aber ich kann mich erinnern, in dieser Nacht noch nie einen Polizisten gesehen zu haben, und wir fuhren fünfundvierzig Stunden pro Stunde nach Barnet, wenn wir eine Meile zurücklegten.

Sie werden sich erinnern, dass meine Wegbeschreibung darin bestand, direkt durch Potter's Bar und dann weiter zu einem Ort namens Five Corners zu gehen – einem Ort, von dem ich noch nie gehört hatte, obwohl ich Hertfordshire und die Straßen in der Umgebung kenne. Das erzählte ich seiner Lordschaft, als wir im Dorf langsamer wurden, und seine Antwort war überraschend, denn er sagte mir, ich solle zur Polizeistation gehen und dort nachfragen. Also ging ich in Potter's Bar langsamer und als ich einen Polizisten sah, bat ich ihn, mir den Weg zu weisen.

„Bleiben Sie rechts und wenden Sie sich wieder rechts", sagt er und starrt Seine Lordschaft und mich eindringlich an. „Das ist Lord Crossboroughs Haus, nicht wahr?"

„Na ja", sage ich natürlich, „und es ist Seine Lordschaft, die ich fahre."

Daraufhin nickte er freundlich, und als Seine Lordschaft gerade den Kopf aus dem Fenster steckte, sprach er direkt zu ihm.

„Heute Abend ziemlich spät, Mylord."

„Ja, ja, sehr spät, und ein Fahrer, der die Straße nicht kennt. Ich bin Ihnen sehr dankbar, Polizist. Sagen Sie ihm, wie er fahren soll, und hier ist ein Sovereign für Sie."

Ein Polizist mag natürlich keinen Souverän, und dieser Kerl war dabei genauso böse wie die anderen. Ich nehme an, er verbrachte die nächste

Viertelstunde damit, mir den Weg zu weisen, und als das erledigt war , grüßte er Seine Lordschaft in feiner militärischer Manier. Um ehrlich zu sein, kann ich sagen, dass wir Potter's Bar mit Bravour verließen , und die nächsten zehn Minuten fuhr ich langsam durch dunkle Gassen mit scharfen Ecken für Hefte und Hecken, die so hoch waren, dass ein Mann sich nicht fühlen konnte die Dunkelheit. Als wir hier herauskamen , kamen wir an fünf Kreuzungen und einem großen Wegweiser; und hier, erinnerte ich mich, hatte mir der Polizist gesagt, ich solle die mittlere Straße nach links nehmen und ich würde Five Corners eine Viertelmeile weiter unten finden. Ich war also gerade dabei, den großen Wagen herumzulenken, als das Signal passieren sollte, das mir sagte, ich solle anhalten, und ich wartete im Nu darauf, dass Seine Lordschaft etwas sagen würde.

„Britten", sagt er, denn ich hatte ihm schon ein halbes Dutzend Mal meinen Namen gesagt, „Britten, das ist mir sehr wichtig. Ich schaffe es fünfzehn Pfund, wenn du die Arbeit gut machst. Fahr einfach zur Lodge." , und als der Mann öffnet, sagen Sie: „Seine Lordschaft ist heute Nacht sehr spät." Danach bleiben Sie auf der unteren der beiden Straßen und kommen zu einer anderen Hütte. Wenn Sie sie dort aufwecken, sagen Sie: „Seine Lordschaft ist heute Morgen sehr früh" und fahren dann genauso schnell davon denn das alte Auto kann dich mitnehmen. Ich bin in der Stimmung, heute Abend etwas Spaß zu haben, und was auch immer ich tue, liegt nicht in deiner Verantwortung, also mach dir keine Sorgen, mein Junge. Ich werde dich entlasten, wenn Es gibt eine Geschichte, aber es kann keine geben, denn sicherlich kann ein Mann durch seinen eigenen Park fahren, wenn er den Willen dazu hat.

Ich sagte: „Natürlich hatte er das", denn was könnte ich sonst noch sagen? Je weiter ich in diesen Job vordrang, desto verrückter kam es mir vor. Vielleicht gerade wegen seines Wahnsinns beschloss ich, das Ende zu sehen. Schließlich hatte mir meine Herrin befohlen, diesen Herrn zu fahren, und was auch immer er tun würde, ging mich nichts an. Wenn ich die ganze Wahrheit sage und behaupte, dass ich ihn für einen Verrückten halte, mit dem es gefährlich wäre, sich zu streiten, dann schadet das nicht; Denn wie viele hätten es anders gemacht, und wo ist die Schuld? Lords werden wie andere Menschen verrückt, trotz all ihrer Kronen; und schöne Zeiten scheinen sie in diesem Zustand zu haben. Ich sagte, Lord Crossborough sei entweder dumm oder habe ein ernstes Spiel im Gange; Und damit ich wach blieb, fuhr ich direkt zum Tor der Hütte und heulte, dass sie mich hereinlassen sollten.

Hier musste ich lange warten, gute fünfzehn Minuten oder länger, bis ein Mädchen mit zerzausten Haaren das kleine Fenster des Cottages öffnete und mich fragte, was ich wollte. Als ich ihr sagte, sie solle aufmerksam wirken und Seine Lordschaft nicht warten lassen, glaube ich, dass sie mir ins Gesicht lachte.

„Er hat das Haus einen Monat lang nicht verlassen!" weint sie. „Jetzt erzähl es mir nicht!"

„Oh, aber ich werde Ihnen das und noch viel mehr sagen, wenn Sie sich nicht beeilen. Sehen Sie nicht, dass ich Seine Lordschaft nach Hause gebracht habe?"

„Oh mein Gott", sagt sie ganz nervös; „Ich bitte Seine Lordschaft um Verzeihung –" und mit diesen Worten kam sie wie aus einem Guss herunter und öffnete das Tor. Ich für meinen Teil hatte ihr nichts mehr zu sagen, außer der Bemerkung, die Lord Crossborough mir befohlen hatte, und indem ich ausrief: „Seine Lordschaft ist heute Abend spät dran", ließ ich die Kupplung durch und ließ den Wagen an. Ein Blick hinter mich zeigte mir, dass mein Beifahrer fest schlief und das Mädchen ihn mit allen Augen anstarrte. Aber sie sagte nichts mehr, und ich fuhr weiter und hatte keine fünfzig Meter zurückgelegt, als das Signal wieder funktionierte.

„Oh", sage ich, „dann haben wir sicher keinen Siebenschläfer oben. Einschlafen und in fünf Minuten wieder aufwachen"; aber ich verlangsamte das Auto, wie er es befahl, und gleich darauf machte er mich auf eine andere Gruppe aufmerksam, die mit uns die Straße teilte und genauso neugierig war wie das Mädchen. Er war Polizist und war direkt hinter uns durch das Tor der Hütte gegangen.

Ich weiß nicht, wie das ist, aber wenn man irgendetwas tut, worüber man auch nur den geringsten Zweifel hat, ist einem der Anblick eines Polizisten immer unheimlich. Ich sehe nie einen, aber ich frage mich, ob er die Zeit gemessen hat, ob er mit meinen Nummernschildern gestritten hat oder ob er das eine oder andere dieser Dinge getan hat, die Polizisten tun und für die wir armen Teufel bezahlen.

Diesmal hatte ich große Angst und machte mir keinen Hehl daraus. Die Szene am Portman Square, die Schreie der Frauen, das leere Haus, die schwarzen Vorhänge, das Gespräch über das Duell und die geheimnisvollen Worte Seiner Lordschaft darüber, dass Captain Blackham ihn nie mehr beunruhigte: Sie überkamen mich wie ein Blitz und trieben mich fast dumm. Nicht so mein Herr selbst – ich hatte ihn noch nie ruhiger gesehen.

„Guten Morgen, Constable", sagt er, „und was kann ich für Sie tun?"

„Ich bitte um Verzeihung, Sir", sagt der Mann und steigt beim Sprechen ab, „aber es gibt ein Telegramm aus London über Ihr Haus am Portman Square, und ich bin heraufgekommen, um zu sehen, ob Sie etwas darüber wissen."

„ Natürlich tue ich das, Constable – aber sehr nett von Ihnen. Sagen Sie ihnen, es ist alles in Ordnung, nur eine kleine Party für einige meiner alten Freunde. Und hier ist ein Souverän für Sie; rufen Sie später noch einmal an, wenn Sie etwas zu sagen haben. Ich schlafe halb und bin todmüde.

Er warf einen Sovereign ins Gras, und der Polizeisergeant hob ihn scharf genug auf. Ich hatte das Gefühl, dass in seinem Verhalten eine Art Zögern lag, konnte aber nicht viel daraus machen. Was er jedoch dachte oder sagen wollte, behielt er für sich, und nachdem er bemerkt hatte, dass der Morgen gut anbrechen würde und dass er Seiner Lordschaft gegenüber sehr dankbar sei, bestieg er sein Pferd und ritt davon. Dies war der Moment, in dem Lord Crossborough aufhörte, das Signal zu geben, und als er das vordere Fenster öffnete, direkt zu mir sprach.

„Stellen Sie den Motor ab“, sagt er mit leiser Stimme, „und lassen Sie ihn erst an, wenn dieser Kerl den Park verlassen hat.“

Ich fand es einen seltsamen Befehl, tat aber, was er wollte. Mir war klar, wie es jedem klar gewesen wäre, dass er nicht wollte, dass der Polizist uns die untere Straße nehmen sah, und dass er sich diesen Trick ausgedacht hatte, um seinen Willen durchzusetzen. Ich bin selbst ein ziemlich gutes Händchen darin, meinen Motor anzuhalten und ihn nicht starten zu können, besonders wenn mein Herrchen oder meine Frauchen es eilig haben wollen und nicht auf meine Bequemlichkeit Rücksicht nehmen. Als Seine Lordschaft sprach, war ich also im Handumdrehen unten, und da stand ich und tat so, als würde ich den Griff betätigen und in der Motorhaube herumstochern, bis der Sergeant um die Ecke der Auffahrt gebogen war und es sicher war, weiterzufahren.

Die zweite Hütte lag etwa eine halbe Meile von der Stelle entfernt, an der wir Halt gemacht hatten, und wir mussten höchstens hundert Meter an dem Haus selbst vorbeikommen, um dorthin zu gelangen. Mir musste nicht gesagt werden, dass ich nicht hupen solle, wenn wir vorbeigingen, und wir schlichen gut voran, als wir – und das schien mich mitten ins Gesicht zu treffen – auf einen Mann stießen, der unter den Bäumen vorbeiging auf der Seeseite, und er – ob Sie es glauben oder nicht – war das lebendige Abbild meines Passagiers. "Guter Gott!" Sagte ich, „dann sind es zwei “, und im Nu schien mir die ganze Natur der Angelegenheit dieser Nacht klar zu sein.

Ein Mann wie Seine Lordschaft, gekleidet in einen Tweedanzug und mit einem dicken Stock in der Hand – ein Mann mit einem buschigen schwarzen Bart, einer vollen runden Stirn und dem gleichen Gang und den Bewegungen des Mannes, den ich trug. Was sollte ich von ihm halten, was sollte ich davon halten? Nun, das kann ich Ihnen kaum sagen, denn kaum hatten wir den Mann erblickt, brüllte mir mein Beifahrer zu, ich solle geradeaus weitergehen, und indem er sich in die Landaulette duckte, verbarg er sich so völlig außer Sichtweite, als hätte er es getan lag im Werkzeugkasten. Ich für meinen Teil erinnere mich an das alte Sprichwort „Ein Penny für ein Pfund", ließ ich einfach den Daimler fliegen, und wir fuhren die Auffahrt hinunter und hinauf zur Lodge, so schnell, wie ein Auto jemals auf dieser bestimmten Straße gefahren ist oder fahren wird es egal unter welchen Umständen.

„Tor", brüllte ich, „Tor, Tor!" denn das Vorhängeschloss war recht schlicht und mit einer guten, starken Kette versehen. Ich vermute, dass mir länger als fünf Minuten lang niemand geantwortet hat, und kaum war ein alter Mann aufgetaucht, sah ich den Fremden mit seinem buschigen schwarzen Bart, den Doppelgänger Seiner Lordschaft, die Einfahrt hinunterrennen, so viel er konnte, und heulend der Torwächter darf nicht öffnen.

Dies ist ein kritischer Moment, auf mein Wort, und einer, der das Herz eines Mannes zum Mund bringt – der schwankende alte Mann, der zum Tor taumelt; der Fremde rennt wie ein Preisträger; Lord Crossborough persönlich lag zusammengekrümmt auf dem Boden der Landaulette, und ich saß da, den Fuß auf der Kupplung, die Hand am Gashebel, und mein Puls ging wie ein Uhr. Sollen wir es tun oder nicht? Wäre es geschlossen oder offen? Die Frage beantwortete sich einen Moment später von selbst, als der Hüttenwirt, der den anderen nicht sah, die Eisentore halb öffnete und meine Haube dazwischen ließ. Das Auto hätte ihn fast umgeworfen, als wir hindurchrasten – ich konnte ihn „Halt!" schreien hören. sogar über dem Brummen des Motors.

Sie werden nicht vergessen haben, dass Seine Lordschaft mir gesagt hatte, ich solle verdammt noch mal gehen, als ich durch das Tor kam, und ich gehorchte ihm. Die Gassen waren eng und kurvig; von den Feldern wehten Morgennebel; Wir kamen an mehr als einem Marktwagen vorbei und verloren fast unsere Flügel. Aber es ging mir darum, fünfzehn der Besten zu verdienen, und ich habe für sie gearbeitet. Schlag mit dem Knall in Potter's Bar, raus mit dem Knall und um die Kurve in Richtung Prickly Hill. Ich hätte nicht schneller fahren können, wenn ich die ganze Bezirkspolizei auf meinen Fersen gehabt hätte – und Gott weiß, ob das der Fall war oder nicht.

Dies brachte uns in kürzester Zeit nach Barnet. Als wir die Stadt betraten, waren wir immer noch bei vierzig Stunden unterwegs und wären um fünfundzwanzig wieder rausgelaufen, nachdem wir an der Kirche und dem Polizeirevier vorbeigekommen waren – hätte, sage ich, ohne eine kleine Tatsache, und das war eine … Mitten auf der Straße stand ein dicker Polizist, die Hand wie eine Hammelkeule hochgehalten und mit einer Stimme, die einem Einbrecher hätte zurufen können.

„Hier, du", rief er, als ich vorfuhr, „wer ist denn in diesem Auto?"

„Warum", sage ich, „wen sollte ich außer jemandem haben, der das Recht hat, dort zu sein? Bitten Sie Seine Lordschaft um sich selbst."

„Seine Lordschaft – meinen Sie Lord Crossborough ?"

Ich wollte gerade „Ja" sagen, als er die Tür öffnete. Sie werden beurteilen, was ich davon hielt, als ein Blick hinter mich zeigte, dass die Landaulette leer war.

„Nun, mit wem machst du Witze?" rief der Sergeant und öffnete die Tür weit. „ Hier drin gibt es keine Lordschaft. Was meinst du damit, dass es eine gab?"

„Nun, er war da, als ich Five Corners verließ –"

„Was! Du kommst aus seinem Haus?"

„Sofort", sage ich, „und keine Anrufe. Fragen Sie ihn selbst."

Er konnte sehen, dass ich verblüfft war und ihm die Wahrheit sagte. Da war die Landaulette so leer wie eine Schachtel Pralinen, als das Stubenmädchen damit fertig war. Wie Lord Crossborough herauskam oder wohin er gegangen war, als er herauskam, wusste ich genauso wenig wie die Toten. Eines war klar: Ich war so sauber verkauft wie jeder Neuling auf einem Jahrmarkt. Und ich machte keinen Hehl daraus, es dem Sergeant zu sagen.

„Er bat mich, ihn von der Stadt zu seinem Haus in Five Corners zu fahren. Meine Geliebte sagte mir, ich solle ihn mitnehmen, und das tat ich. Ich sollte fünfzehn der Besten für den Job haben – und hier sehen Sie, was ich bekomme. Oh , darauf kannst du wetten, dass ich glücklich bin."

in diesem Moment Lord Crossborough gegenüber ziemlich freundlich war . Die ganze Nacht wach gehalten zu werden und herumzulaufen wie eine „gelbe Hose", meine Ohren voller Versprechungen und meine Haut vom Nebel durchnässt, um am Ende in Barnet gestrandet zu sein. Das war mehr, als das Temperament eines Mannes ertragen konnte, und das habe ich dem Sergeant erzählt.

„Nun", sage ich, „wenn ich ihn das nächste Mal treffe, werde ich demselben Lord Crossborough etwas ziemlich Starkes zu sagen haben , und Sie können es ihm sagen, wenn Sie ihn sehen."

„Sehen Sie ihn – ich wünschte, wir könnten ihn sehen. In dieser Minute ist die halbe Bezirkspolizei auf der Suche nach ihm. Oh, wir würden ihn und ein paar andere auch gerne sehen. Jetzt kommen Sie zum Revier und Erzählen Sie uns alles darüber. Dort wird es eine Tasse heißen Kaffee geben, und ich glaube, das wird Ihnen nichts ausmachen.

Ich sagte, dass ich es nicht tun würde, und schloss mich ihm an. Ein Inspektor am Bahnhof zeichnete meine Geschichte von dem Zeitpunkt an auf, als ich das Carlton verließ, bis zu dem Moment, als ich Five Corners verließ. Wofür er es wollte, was Lord Crossborough getan hatte oder was er tun würde, sagten sie mir nicht, und es war mir auch egal. Aber sie gaben mir ein richtig gutes Frühstück, bevor sie mich wegschickten, und das war ungefähr das Beste, was ich seit zwölf langen Stunden gegessen hatte. Es war elf Uhr, als ich endlich in die Stadt zurückkam. Und genau um drei Uhr sah ich meine Herrin wieder.

Sie können sich leicht vorstellen, dass ich mich über dieses Interview gefreut habe und ihm von der Zeit, als ich das Auto in den Stall fuhr, bis zu dem Moment, als es abmontiert wurde, sehnsüchtig entgegengefiebert hatte. Miss Dartel hatte damals eine Wohnung in Bayswater ; aber sie hat mich nicht dorthin geschickt, und ich habe sie im Theater gesehen, in ihrer eigenen Garderobe zwischen den Akten einer Probe. Als ich eintrat, redete ein glattrasierter Herr mit ihr, und eine Weile erkannte ich ihn nicht; Doch plötzlich drehte er sich um, und irgendetwas an seiner Art und seinem Tonfall veranlasste mich, scharf genug aufzublicken.

„Warum", sage ich, „seine Lordschaft!"

Sie lachten beide darüber und Miss Dartel hielt ihren Finger hoch.

„Was willst du damit sagen, Britten?" rief sie. „Das ist Mr. Jermyn vom Hicks Theatre."

„Jermyn oder French", sage ich, während ich wütend werde, „er ist der Mann, mit dem ich letzte Nacht nach Five Corners gefahren bin – und fünfzehn Pfund schuldet er mir, nicht mehr und nicht weniger."

Nun, sie lachten beide wieder, und der Herr, er holte eine Brieftasche aus der Innentasche seines Mantels und legte drei Fünf-Pfund-Scheine auf den Tisch. Während sie dort waren, legt Miss Dartel ihre hübschen Finger auf sie und beginnt ganz vertraulich zu sprechen:

„Britten", sagt sie, „das sind fünfzehn Pfund. Ich schätze, es wären fünfzig, wenn du ein sehr schlechtes Gedächtnis hättest, Britten, und den Herrn, den du letzte Nacht aufgelesen hast, nicht wiedererkennen könntest . Nun, glaubst du, dass du so eins hast?" schlechtes Gedächtnis als all das?"

Ich habe es in einer Minute verstanden und ihnen ganz ehrlich geantwortet.

„Ich muss mehr oder weniger wissen, Madame", sage ich. „Denken Sie daran, dass meine Interessen nicht die Interessen dieses Herrn sind."

„Oh, das ist ganz fair, Britten, obwohl wir natürlich nichts wissen. Aber sie sagen, dass der arme Lord Crossborough ziemlich albern geworden ist, was das Leben auf dem Land angeht. Er hat Tolstois Bücher gelesen und möchte von einem Schilling am Tag leben; eine Weile Die arme Lady Crossborough , die meinen Cousin, Captain Blackham, sehr gut kennt, ist zu Tode gelangweilt, und es wird sie umbringen, wenn es so weitergeht. Also überredete sie Seine Lordschaft, diese lustige Party in seinem alten Haus in Portman zu geben Gestern Abend war er auf dem Square, und heute lachen alle Zeitungen darüber, und er wird aus seinem Leben gejagt. Ich bin sicher, dass Lady Crossborough jetzt ihren Willen durchsetzen wird, Britten; und wenn die Polizei erfährt, dass es nur ein … war Exzentrizität seitens Seiner Lordschaft, sie werden nichts sagen. Glauben Sie nun, dass Sie schwören könnten, dass der Mann, den Sie letzte Nacht gefahren haben, Lord Crossborough sehr ähnlich war ? Wenn ja, hätte ich Glück, und das habe ich auch sicher, Ihre gnädige Frau wird Ihnen fünfzig Pfund geben.

Ich dachte eine Minute darüber nach, rollte die Notizen zusammen und steckte sie in meine Tasche. Natürlich konnte ich fluchen, wie sie es wollte. Und fünfzig der Besten. Mein Gott, was für eine Versuchung!

Aber ich sage Ihnen ganz offen, dass ich die Fünfzig bekommen habe und nie überhaupt nichts geschworen habe. Die Party war ein Auftrag von Lady Crossborough . Der Mann, den ich fuhr, war Mr. Jermyn vom Hicks Theatre, und die Welt und die Zeitungen lachten so laut über Seine Lordschaft, die nie jemanden davon überzeugt hatte, dass er es nicht getan hatte, dass er in aller Eile nach Indien aufbrach, und das nie kam für zwölf Monate zurück. Das beweist für mich, dass Ehrlichkeit die beste Politik ist, wie ich immer erklären werde.

Und noch etwas: Wo ist Mr. Jermyn aus meinem Auto gestiegen? Gerade als ich an der Ecke bei der Kirche in Barnet langsamer wurde – keine hundert Meter von der Stelle entfernt, an der mich der Polizist anhielt. Ein kluger Schauspieler – ja, das ist er.

[1] Der Herausgeber hat es Herrn Britten überlassen, auf seine eigene Weise für sich selbst zu sprechen, wenn dies für seine Anstellung charakteristisch erscheint.

[2]] Mr. Brittens Schreibweise von Quat'z -Arts ist exzentrisch.

DIE SILBERNE HOCHZEIT

Ja, ich werde „Benny" nie vergessen, und ich werde nie seine wunderschönen roten Haare vergessen. Meine Herren, ich bin für viele gefahren ... und auch für die andere Art, aber „Benny" war weder das eine noch das andere – kein Mann, sondern ein Stamm ... weder Jude noch Christ, sondern einfach etwas, dem man begegnet jeden Tag und alle Tage – ein großer, tollpatschiger Haufen von Gutmütigkeit, der mit der einen Hälfte der Welt streitet und mit der anderen Bass' Bier nimmt. Das war Benjamin Colmacher – kurz „Benny" –, das war der Meister, von dem ich Ihnen erzählen möchte.

Ich war damals arbeitslos, hatte mir eine Empfehlung bei Hayward's Heath geholt und dort eine Sache von sechs Pfund hinterlassen, damit die Richter sich damit befassen konnten. Zeit ist Geld, sagt man, und ich habe festgestellt, dass es so ist ... im Allgemeinen fünf Pfund und kostet, allerdings mehr, wenn man eine Menge nimmt. Heutzutage ist es für einen guten Mann mit den Kenntnissen eines Straßenmechanikers und fünf Jahren Erfahrung im Rennsport und anderswo nicht einfach, sich in eine Position zu bringen, wo doch jeder Bräutigam für fünf Pfund in einer Mordwerkstatt zum Slap-Bang- Shuffer gemacht werden kann , und jeder alte Kutscher ist jung genug, um seinen Chef in den Graben zu werfen. Mein Wissen und meine Erfahrung hatten genau drei Monate gedauert, als ich von Benny hörte und zu seiner Wohnung am Russell Square eilte, „genau der Richtige für dich", sagten sie in der Werkstatt. Das dachte ich auch, als ich ihn sah.

Es war, mein Wort, eine schöne Wohnung und vollgestopft mit genug Fal -del- Lals , um einer Herzogin aus der Gaiety zu gefallen. Benny selbst trug, sein rotes Haar flach auf dem Kopf gekämmt und geölt wie ein fehlender Kommutator, einen Morgenmantel aus japanischer Seide, der einen Dampfwagen befeuert hätte. Sein Frühstück bestand, wie ich bemerkte, aus einem Brandy-and-Soda und einer Weintraube; aber die Zigarre, die er mir anbot, war so lang wie ein Polizistenstiefel, und der Kerl dazu ragte aus einem Mund voller feiner weißer Zähne wie eine Erbsenschote.

„Guten Morgen", sagt er und nickt freundlich; und dann: „Sie sind wohl Lionel Britten?"

„Ja", sage ich – denn kein Straßenmechaniker, der sich selbst respektiert, wird „Sir" nennen wie Benny Colmacher – „das ist mein Name, obwohl meine Freunde mich kurz Lal nennen. Sie wollen einen Fahrer, ich." hören."

Er setzte sich in einen großen Sessel und musterte mich von oben bis unten, wie ein Tierarzt ein Pferd betrachtet.

„Ich möchte einen Fahrer", sagt er, „aber der Herr weiß, wie du das erfahren hast."

„Warum", sage ich, „das ist lustig, nicht wahr? Wir wollen beide dasselbe, denn ich sehe schon, dass Sie genau der Gentleman sind, mit dem ich es gerne aufnehmen würde."

Er lächelte darüber und schien darüber nachzudenken. Dann stellte er eine schlichte Frage. Ich antwortete ihm so kurz.

„Wo hast du von mir gehört?" er hat gefragt.

„In Blundells Garage", antwortete ich.

„Und ich habe ein Auto gekauft?"

„Ja, ein 57 Daimler … das war die Rede."

„Könnten Sie so ein Auto fahren?"

„Könnte ich – oh, meine Paten –"

„Dann haben Sie schnelle Autos gehandhabt?"

„Ich bin mit Fournier auf der Strecke Paris-Bordeaux gefahren, bin für die Fiat-Leute durch den Florio gefahren und habe den großen Delahaye mit knapp hundertdrei Meilen pro Stunde gefahren. Lesen Sie meine Papiere, Sir … sie werden Ihnen zeigen, was Ich habe es getan.

Ich drückte ihm ein Bündel in die Hand und er las ein paar Worte davon vor. Als er mich das nächste Mal ansah, war etwas in seinen Augen, das mich sehr überraschte. Manche hätten es List genannt, manche Neugier; Ich wusste nicht, was ich davon halten sollte.

„Warum möchtest du für mich fahren?" fragte er plötzlich.

„Weil", sagte ich schnell genug, „es ist offensichtlich, dass Sie ein Gentleman sind, für den jeder gerne fahren würde."

„Aber du weißt überhaupt nichts über mich."

„Genau das ist es, Sir. Die nettesten Menschen sind die, von denen wir überhaupt nichts wissen."

Er lachte darüber laut und nahm sich Brandy und Limonade, trank aber nicht zu viel davon. Ich konnte sehen, dass er sehr erleichtert war, und er sprach danach freier.

„Du bist einer, der weiß, wie man den Mund hält?" er schlug vor. Ich entgegnete, dass ich meine Zungen in einem 4-Zoll-Schraubstock festhielt.

„Vor allem, wenn es um die Damen geht?"

„Ich rede lieber mit ihnen als über sie, Sir."

„Das ist richtig, das ist richtig. Nimm nicht das Dienstmädchen, wenn du die Herrin kriegen kannst, oder?"

„Nehmen Sie beide zur Wahl, das ist mein Motto."

„Du bist nicht verheiratet, Britten?"

„Kein solches Unglück ist mir widerfahren, Sir."

„Ha!" – hier grinste er wie ein Schauspieler im Vic – „Und es macht dir nichts aus, nachts zu fahren?"

„Das gefällt mir viel besser, Sir."

Er grinste erneut und schien äußerst erfreut zu sein. Nachdem ich noch ein paar weitere Fragen gestellt und beantwortet hatte, fand ich heraus, dass mir der Job recht war ... und, wie die Dinge heutzutage liegen, auch ein richtig guter Job war. Ich sollte vier Pfund pro Woche und Livreen haben. So ein Trottel wie „Benny" Colmacher wäre nicht der Mann, der nach Reifen und Benzin fragt, und wenn er es täte, wüsste ich, wie ich seine Tanks für ihn auffüllen sollte. Stellen Sie sicher, dass ich mit Höchstgeschwindigkeit weggefahren bin und ein besseres Mittagessen gegessen habe, als ich in den letzten sechs Monaten oder länger erlebt hatte. Wer der Mann war oder was er war, war mir vollkommen egal. Ich hatte den Job bekommen und würde morgen wieder auf dem Fahrersitz eines Autos sitzen. Kein Wunder, dass ich zufrieden war.

Ich habe in dieser Nacht gut geschlafen und war am nächsten Morgen früh bei Benny. Wenn ich gestern über mein Glück überrascht gewesen wäre, war Überraschung kein Ausdruck für das, was ich empfand, als der Kammerdiener mir die Tür öffnete und mir sagte, dass Mr. Colmacher auf dem Land sei und erst in einem Monat zurückkommen würde. Allerdings wurde darüber kein Wort gesagt – kein Hinweis darauf; und doch konnte mir der steife und gestärkte Herr die Neuigkeit genauso kühl mitteilen, als hätte er gesagt: „Mein Herr ist über die Straße gegangen, um einen Freund zu besuchen." Als ich ihn fragte, ob es keine Nachricht für mich gäbe, antwortete er einfach: „Keine."

„Er hat keine Anweisungen zum Auto gegeben?"

„Das Auto steht auf dem Hof und wird repariert."

„Aber ich hatte den Auftrag, sie zu fahren –"

„Sie werden Herrn Colmacher fahren, wenn er zurückkommt."

„Und mein Lohn —?"

„Oh, die werden bezahlt. Dies ist ein Ort, an dem sie wissen, was uns zusteht."

„Und ich soll in der Zwischenzeit nichts tun?"

„Wenn du nichts zu tun hast, auf jeden Fall."

Es war gewiss seltsam, das zu hören, und Sie können mein Zögern gut verstehen, als ich dort auf dem Treppenabsatz stand und diesen steifen und gestärkten Diener beobachtete, der gerade aus einer Schneiderei gekommen sein könnte. Herren sind untereinander normalerweise nicht zurückhaltend, aber dieser Kerl war mir völlig überlegen, und ich mochte ihn nur wenig. Eine solche „Fass mich nicht an, sonst verschwinde ich "-Manier begegnet man selbst in Park Lane nicht oft, und ich erkannte bald, dass, was auch immer sonst passierte, Joseph, der Kammerdiener, wie sie ihn nannten , und Lal Britten, der „ Shuffer ", reisten nie gemeinsam zum Nordpol.

„Wenn es nichts bringt", sagte ich schließlich, „hat Herr Colmacher keinen Grund, sich über seinen Fahrer zu beschweren. Soll ich noch einmal anrufen, oder wird er nach mir schicken?"

„Er wird nach Ihnen schicken, es sei denn, Sie möchten Herrn Walter in der Zwischenzeit sehen?"

Ich habe mir das angesehen. Bislang gab es in der Branche keinen „Mr. Walter".

„Herr Walter – und wer mag Herr Walter sein?"

„Er ist Mr. Colmachers Sohn."

„Dann werde ich ihn sehen, sobald du willst."

Er nickte mit dem Kopf und lud mich ein, hereinzukommen. Plötzlich befand ich mich in einem schönen Schlafzimmer auf der anderen Seite der Wohnung, und was war mein Erstaunen, als ich Herrn Walter selbst im Bett vorfand, mit einer großen Schnittwunde an der Stirn und am rechten Arm darin eine Schlinge. Er war ein hagerer, blasser Jüngling, hatte aber das leichenhafte Gesicht, das ich je gesehen habe; und als er sprach, schien seine Stimme aus seinem Hinterkopf zu kommen.

„Du bist der neue Fahrer, den mein Vater engagiert hat?"

„Ja, Sir, mir geht es genauso."

„Ich hoffe, du verstehst leistungsstarke Autos. Hat dir mein Vater gesagt, dass es sich bei unserem um ein Dampfauto handelt?"

„Er sprach von einem 57 Daimler, Sir.“

„Aber Sie haben Erfahrung mit Dampfautos –“

„Woher wussten Sie das, Sir?“

Er lächelte sanft.

„Wir haben Nachforschungen angestellt – das sollten wir natürlich tun.“

„Dann sind Sie nicht falsch informiert. Ich bin letztes Jahr drei Monate lang einen Weißen mit dreißig Pferden gefahren.“

„Ah, das gleiche Auto, das wir fahren. Leider kann ich meinem Vater im Moment nicht helfen, denn ich hatte einen Unfall – auf dem Jagdgebiet.“

Ich habe mich darüber geärgert. Motorfahrer wissen in der Regel nicht viel über das Jagdgebiet, aber ich war nicht so ein Idiot, dass ich annahm, dass Männer im Juli jagten.

„Jagd, haben Sie gesagt, Sir?“

„Das heißt, ich probiere ein Pferd für die Jagdsaison aus. Nun, du kannst jetzt gehen. Hinterlasse deine Adresse bei Joseph. Mein Vater wird dich holen lassen, wenn er zurückkommt, und in der Zwischenzeit bist du in Freiheit.“

Ich dankte ihm und ging. Seltsamerweise gefiel mir dieser Kerl nicht mehr als der Kammerdiener. Sein Lächeln war hässlich, sein finsterer Blick noch hässlicher – besonders als ich diese Bemerkung über das Jagdgebiet machte. „Halte lieber den Mund, Lal, mein Junge“, sagte ich mir; und mit dem Entschluss, es für die Zukunft aufzubewahren, ging ich zu meinen eigenen Ausgrabungen und hörte genau einundzwanzig Tage lang nichts mehr von den Colmachers , weder von Vater noch von Sohn. Am Morgen des 22. fand ich mich wieder in der Wohnung. „Benny“ Colmacher war zurückgekehrt und erinnerte sich, dass er mir drei Wochenlöhne gezahlt hatte.

Nun, es war Mitte August, und „Benny“ war auf jeden Fall landestypisch gekleidet. Ein Kombi-Anzug aus Dittos passte sozusagen zu seinem lockigen roten Haar und setzte sich bei weitem durch. Er hatte eine weiße Rose im Knopfloch und sein Verhalten war so glatt wie Staubsauger B aus einer schönen, sauberen Dose. Er hatte gerade sein übliches Brandy-Soda-Getränk und trockenen Toast verzehrt, als ich hereinkam; und die große Zigarre strich ihm ständig über den Mund, während er mit mir redete.

„Komm rein, komm rein, Britten“, rief er pompös, als ich erschien. „Ihnen gefällt Ihr Platz, hoffe ich – finden Sie die Arbeit nicht zu schwer?“

„Das ist – Sir – ein sehr schöner Ort für einen zarten jungen Mann wie mich."

„Ah, aber wir werden etwas beschäftigter sein. Hat Herr Walter Ihnen das Auto gezeigt?"

„Nein, Sir, noch nicht. Ich habe allerdings gehört, dass es sich um einen weißen Dampfer handelt."

„Ja, ja; ich mag Dampfautos; sie rütteln mich nicht auf. Wenn ein Mann fünfzehn Stun wiegt, mag er es nicht, geschüttelt zu werden, Britten – das ist nicht gut für seine Verdauung, oder? Nun, du gehst unter zu den Bedford Mews, Nr. 23B, und sagen Sie mir, ob Sie das Ding bis morgen zehn Uhr in Gang bringen können – bis nach Watford, Britten. Das ist der Ort, Watford. Ich habe da unten etwas vor – etwas sehr wichtig. Bei meiner Seele, ich weiß nicht, warum ich es dir nicht sagen sollte. Es geht um eine Dame, Britten – ha, ha! – um eine Dame."

Nun, er grinste über sein ganzes Gesicht, genau wie der lachende Gorilla im Zoo, und grinste zwei Minuten oder länger weiter. Solch ein Lachen hat dich gefangen, ob du wolltest oder nicht; Und obwohl ich mich nicht um zwei Pence um sein Geschäft und noch weniger um die Dame kümmerte, lachte ich hier genauso laut wie er und schien genauso erfreut zu sein.

„Ist es eine junge Dame?" Ich wagte es gleich zu fragen. Aber er hörte darüber auf zu lachen und sah sehr ernst aus.

„Du darfst mich nicht befragen, mein Junge", sagte er ein wenig stolz. „Ich möchte, dass meine Diener mir vertrauen, aber sie dürfen nicht darum betteln. Wir fahren nach Watford – das reicht Ihnen. Machen Sie den Wagen so schnell wie möglich bereit und lassen Sie mich sofort wissen, wenn es etwas gibt." die Sache mit ihr.

Ich versprach es zu tun und ging sofort zu den Stallungen. „Benny" schien mir nur ein gutmütiger, liebeskranker alter Idiot zu sein, der sich auf dem Land ein neues Mädchen gegönnt hatte und sich auf den Weg machte, sie auszulöffeln. Bei dem Wagen handelte es sich meiner Meinung nach um einen der neuesten 40 Whites in Top-Ausstattung. Sie dampfte sofort, und als ich eine neue Heizung eingebaut hatte, konnte ich nichts weiter mit ihr machen, außer sie abzuwaschen, was kein Mechaniker mit etwas Selbstachtung jemals tun würde, wenn er einen anderen finden könnte, der die Arbeit übernimmt auf für ihn. Also stellte ich einen Faulenzer ein, der in den Stallungen herumlungerte, und ließ ihn arbeiten, während ich die Zeitung las und eine Zigarette rauchte.

Er war gewiss ein verspielter kleiner Kerl, einer dieser „Neu-Erwachsenen", die man in Ställen trifft, und bereit genug, zu klatschen, als ich ihm die Chance dazu gab.

„Er ist ein Wunder, das ist Colmacher ", bemerkte er, während er planschend und zischend über die Räder fuhr. „Fahrt mit seinem Auto in ebenso vielen Stunden ein halbes Dutzend Mal raus und fährt dann drei Monate lang nicht mehr damit. Ich nehme an, Sie wären an Stelle von Mr. Walter verlobt. Man sagt, er sei nach Amerika gegangen, ich aber nicht Ich weiß zu Recht, ob das wahr ist oder nicht.

Ich antwortete ihm, ohne von meiner Arbeit aufzuschauen.

„Wer sagt, dass er in Amerika ist?"

„Na ja, das sagen die Dienstboten. Ellen, das Hausmädchen, und ich – aber das ist nicht für die Zeitungen. Also Mr. Walters Zuhause, oder? Nun, er läuft freilich umher, und er ist nicht nach New York gegangen Vor zehn Tagen."

„Du scheinst darüber wütend zu sein, mein Junge."

„ Naja , nein, für mich ist das sicher nichts, obwohl ich sagen muss, dass Benny derjenige ist, der mir am Herzen liegt. Die Mädchen, die er kennt , und meistens hinter ihnen her, wenn die Sonne untergegangen ist. Wären es die Jungen?" Dame in Bristol, dieses oder ein anderes Mal? Er hat sich unten in Wiltshire richtig schlecht geschlagen, als ich das erste Mal von ihm gehört habe , aber vielleicht hat er sich durch das Trinken des Wassers davon geheilt. Jedenfalls ist es mir egal, denn ich bin weg morgen nach Margate.

Er wartete darauf, dass ich etwas sagte, aber als er sah, dass ich unbedingt meine Arbeit lesen wollte, machte er keine weitere Bemerkung, bis seine Arbeit erledigt war. Als ich ihn das nächste Mal sah , war es am nächsten Tag um elf Uhr, gerade als ich mit dem Auto zu „Benny's" fuhr, um den alten Jungen nach Watford zu bringen, wie er es wollte. Der Junge sprang auf die Stufe und stellte eine lustige Frage:

„Du bist ein guter Kerl", sagte er. „Wirst du mir diesen Teil eines Telegramms von jedem Ort, an dem du heute Abend vorbeikommst, an mich weiterleiten?"

„Warum, was ist jetzt los?" Ich fragte.

„Nicht viel, aber mein alter Onkel lässt mich nicht gehen, und ich möchte Ellen für einen Tag nach Margate mitnehmen. In diesem Telegramm steht, dass meine Mutter krank ist und mich haben möchte. Könnten Sie es bitte durchschicken und den Namen des Ortes angeben, wo? hörst du heute Abend auf?

Ich sagte, dass ich es tun würde, steckte den Sixpence in meinen Handschuh und das Formular in meine Tasche, dachte nicht weiter darüber nach und fuhr direkt zu Benny. Der alte Junge war passend gekleidet, um das ganze Gaiety-Ballett zu heiraten: weißer Gehrock, weißer Hut und eine Rose so groß wie eine ausgewachsene Tomate im Knopfloch. Er gab dem Kammerdiener seine Anweisungen mit einer Stimme, die man auf der halben Straße hätte hören können. Er wollte nach Watford und würde in einer Woche zurückkehren.

„Denken Sie daran", rief er, „ich wohne im King's Arms, und Sie können meine Briefe dorthin schicken." Dann winkte er mir zu und wir machten uns auf den Weg. Der Weg nach Watford über Edgware ist von Ende zu Ende voller Fallen, und obwohl die Weiße unterwegs war, wagte ich es nicht, sie herauszulassen. Es war kurz nach halb elf, als wir die Stadt verließen, und etwa Viertel vor eins, als wir den Hügel hinunter in die Stadt Watford fuhren. Hier beugte sich „Benny" zu mir und sprach mit mir.

„Ich werde hier nicht zu Mittag essen", schrie er, als wäre ihm die Idee plötzlich gekommen; „Fahren Sie weiter nach St. Albans oder nach Hatfield, wenn Sie möchten. Der Rote Löwe erledigt mich – fahren Sie dort weiter und beeilen Sie sich nicht."

Ich gab keine Antwort, sondern fuhr ruhig durch die Stadt und so über die alte Hauptstraße nach St. Albans und von dort nach Hatfield. Um ehrlich zu sein, interessierte mich das Auto weitaus mehr als der alte Benny und seine Pläne. Sie dampfte wunderbar und ich hatte ständig einen Druck von 300 Pfund. Während das so war, war es mir völlig egal, ob der alte Benny in Watford oder in Edinburgh zu Mittag aß, und was sein Abenteuer mit dem Mädchen anging – nun, man konnte nicht erwarten, dass ich über das Glück eines anderen Mannes rede. Tatsächlich hatte ich das schon längst vergessen, bevor wir in Hatfield ankamen, und als wir zu Mittag gegessen hatten und der alte Kerl sich plötzlich daran erinnerte, dass er die Nacht gerne in Newmarket verbringen würde, war ich nicht so überrascht – denn das ist die Angewohnheit von Autofahrern Überall auf der Welt, und da ist das Wunder des Autos, dass es, egal ob Sie dort schlafen möchten, wo Sie sind, oder hundert Meilen entfernt, das Geschäft für Sie erledigt und sich nicht darüber beschwert.

Vielleicht werden Sie sagen, ich hätte überrascht sein sollen, hätte ahnen sollen, dass dieser Mann nichts Gutes vorhatte, und zur nächsten Polizeistation zurückgekehrt. Es ist einfach, nach dem Ereignis ein Prophet zu sein; Und zwischen dem, was ein Mann tun sollte, und dem, was er bei einer bestimmten Gelegenheit tut, gibt es oft einen ziemlich großen Unterschied, wenn es um die Fakten geht. Ich fuhr Benny bereitwillig und dachte überhaupt nicht darüber nach. Als er in der Stadt Royston anhielt und sagte, er würde eine Tasse Tee mit einem Korken dazu trinken, dachte ich, das sei genau das, was so ein Mann tun würde. Und ich selbst war bereit für eine Zigarette und einen Spaziergang – denn die ganze Zeit im Auto zu sitzen macht die Beine eines Mannes steif, und das ist kein Zweifel. Aber ich war nicht länger als zehn Minuten weg und als ich zurück im Hotel ankam, stand „Benny" bereits vor Wut an der Tür.

„Wo warst du?" fragte er mit einer Stimme, die anders war als seine eigene – die Stimme eines Mannes, der weiß „was ist was" und dafür sorgen wird, dass er es versteht. „Warum warst du nicht mit dem Auto dabei?"

„War im Telegrafenamt", sagte ich leise, denn kein Gepolter wird mich aus der Fassung bringen – nicht viel.

„Telegrafenamt!" und hier wurde sein Gesicht weiß wie ein Laken. „Warum zum Teufel bist du da hingegangen?"

„Was die Leute normalerweise tun, Sir – ein Telegramm senden."

Wir sahen uns einen Moment lang direkt ins Gesicht und ich konnte sehen, dass es ihm leid tat, dass er gesprochen hatte.

„Ich nehme an, du wolltest es deinen Freunden sagen", sagte er mir. Ich sagte, es sei genau das – denn das sei der kürzeste Ausweg.

„Dann holen Sie sofort den Wagen und bleiben Sie auf der Newmarket Road. Ich werde heute Nacht im Randolph Arms schlafen."

Ich gab keine Antwort und wir kamen wieder davon. Aber trotz alledem dachte ich viel nach, und während die White über dieses schöne Stück Straße flog, fragte ich mich, warum Benny blass wurde, als er hörte, dass ich ein Telegramm geschickt hatte. War diese Angelegenheit mit dem Mädchen also etwas, das uns beiden Schwierigkeiten bereiten könnte? War er der Mann, als den er sich ausgab? Das waren die Fragen, die ich nicht beantworten konnte, und sie gingen mir immer noch durch den Kopf, als wir das Dorf Whittlesford erreichten und Benny mir plötzlich befahl, anzuhalten.

„Das sieht nach einem Gasthaus aus", sagte er und zeigte auf ein hübsches kleines Haus auf der rechten Straßenseite; „Ich denke, wir können die Nacht hier verbringen, Junge. Sie geben uns sowieso ein gutes Bett und ein gutes Glas Whisky, und was will ein Mann mehr? Fahre mit dem Auto in den Hof und warte, während ich mit ihnen rede . Du wirst nicht sterben, wenn wir heute Abend nicht in Newmarket ankommen, nehme ich an?"

Ich sagte, dass mir das alles egal sei, und stellte das Auto auf den Hof. Das Gasthaus war wunderschön und mir gefiel sein Aussehen. Vielleicht hat mich Bennys neues Verhalten entwaffnet; Er war gerade so mild wie Milch und so umgänglich wie ein Werbespot mit einer Probe in der Tasche. Als er wieder auftauchte , hatte er den Vermieter bei sich und er sagte mir, er würde aufhören.

„Mach dir ein gutes Abendessen, Junge, und dann komm und rede mit mir", sagte er, legte eine große Pfote auf meine Schulter und grinste lächerlich. „Vielleicht gehen wir heute Abend doch nicht ins Bett, denn um die Wahrheit zu sagen, mir gefällt die Farbe ihrer Laken nicht. Es würde Ihnen nichts ausmachen, wenn Sie sich aufsetzen würden, glaube ich, nicht zu glauben – nun ja, dass daran ein Zehn-Pfund-Schein hing?

Da öffnete ich meine Augen.

„Eine Zehn-Pfund-Note, Sir?"

„Ja, weil ich dir das Bett geraubt habe. Hast du mir nicht gesagt, dass du beim Nachtfahren ein Wunder bist? Na ja, ich will sehen, aus welchem Holz du geschnitzt bist."

Ich antwortete ihm nicht, und nachdem er viel über meine Klugheit und die Art und Weise gesprochen hatte, wie das Auto gelaufen war, ging er hinein und aß zu Abend. Was ich von ihm oder seinem Vorschlag halten sollte, wusste ich genauso wenig wie die Toten. Sicherlich hatte er nichts getan, was mir das Recht einräumte, über ihn zu urteilen, und ein Mann, der einen Job zu erfüllen hat, ist nicht übermäßig bereit, nett zu seinen Herren zu sein, was auch immer sie tun. Ich kam zu dem Schluss, dass er nur ein schrulliger alter Junge war, der verrückt nach einem Mädchen geworden war, und dass er nachts losfuhr, um sie zu besuchen. Das ganze Gerede über Watford und seine Briefe war reines Gespött und nicht für den privaten Gebrauch bestimmt; aber auf jeden Fall ging es mich nichts an, und ich konnte auch nicht für das verantwortlich gemacht werden, was er tat oder unterließ.

Das war die klügste Entscheidung und sie hat mir im Nachhinein weitergeholfen. Er habe ein gutes Abendessen zubereitet, erzählten sie mir, und eine gute Flasche Portwein getrunken, die in den Kellern des Hauses aus alten Zeiten aufbewahrt wurde, als die Herren selbst nach Newmarket fuhren, und hat übrigens nicht an Schnaps gespart. Es war halb zehn, als ich ihn wiedersah, und dann hatte er eine der Pummelzigarren im Mund und den Zehn-Pfund-Schein in der Hand.

„Britten", sagte er ganz klar, „weißt du, warum ich hierher gekommen bin?"

„Ich denke schon, Sir."

„ *Chercher les femmes* , wie man in Boolong sagt – ich bin hier, um das Mädchen zu treffen, das ich heiraten werde."

„Ich hoffe, dass es Ihnen gut geht, Sir."

„Ah, das ist es eben. Ich werde es ihr nicht gut gehen, wenn ihr alter Vater etwas dagegen tun kann. Verdammt, er hat sie in den letzten zwei Monaten mit seinen Eiden und Flüchen fast umgebracht. Aber das wird aufhören, Britten, und zwar aufhören -Nacht. Sie wartet auf dieses Auto drüben in Fawley Hill, das keine halbe Meile von dieser Tür entfernt ist.

Er kam einen Schritt näher und hielt mir den Zehn-Pfund-Schein direkt unter die Nase. „Es ist Lord Hailshams Haus – rechts den Hügel hinauf und weiter zur Hauptstraße von Bishop's Stortford . Es gibt eine Party für eine Silberhochzeit, und Miss Davenport wohnt dort bei ihrem Vater und ihrer Mutter. Bringen Sie sie und mich in dieses Haus „Ich gebe dir fünfzig Pfund. Als Lohn gibt es zehn. Sie ist überaltert und kann tun und lassen, was sie will – und dafür bist du sowieso nicht verantwortlich."

Ich nahm den Zettel in die Hand und stellte eine Frage.

„Soll ich bis zur Haustür fahren – ich denke nicht?"

„Sie fahren zum Rand des Spinneys, den Sie finden, sobald Sie um die Ecke biegen. Warten Sie dort, bis Miss Davenport kommt. Fahren Sie sie dann direkt hierher und Ihr Geld ist verdient. Für den Rest antworte ich und sie für." Sie selber."

Ich nickte, faltete den Zettel zusammen und steckte ihn in meine Tasche. Die Nacht war klar, als ich vom Gasthaus wegfuhr, aber auf den Feldern war etwas Nebel und ein hübscher Teil über dem Buschland, auf das sie mich hingewiesen hatten. Ein Kind hätte die Straße jedoch finden können, denn es war nur die Autobahn nach Newmarket; und als ich ihn ein paar hundert Meter lang bis zu den Toren von Lord Hailshams Haus gefahren war, drehte ich mich um und blieb am Rande der Weide stehen, vielleicht dreihundert Meter entfernt. Dann zündete ich mir einfach eine Zigarette an und wartete, wie es mir gesagt worden war.

Es war ein lustiger Job, auf mein Wort. Manchmal lachte ich, wenn ich darüber nachdachte; Manchmal lief mir ein leichter Schauer über den Rücken, so etwas passiert einem Mann, der in eine Rum-Affäre verwickelt ist und vielleicht nicht gut daraus herauskommt. Was die Party betraf, die Lord Hailsham veranstaltete, daran konnte es keinen Zweifel geben. Ich hatte gesehen, wie das ganze Haus vom Dachboden bis zur Küche erleuchtet war, und einige der Lichter glitzerten noch zwischen den Pollards im Laub ; während die Ställe selbst voller Kutscher, Kutschen und Autos zu sein schienen. Die Straße selbst war der einzige abgelegene Ort, den man im Umkreis von etwa einer halben Meile hätte zeigen können – aber dort war kein Lebewesen, und eine Stunde oder länger lang passierte nichts außer einem Postbotenkarren an mir.

Ich hätte dir sagen sollen, dass ich das Auto gewendet hatte und dass sie jetzt mit den Scheinwerfern in Richtung Heimat stand. Der Nebel machte die Nacht sehr kalt, und ich war froh, mich in einen der Teppiche des Gouverneurs einzuwickeln und eine Schachtel Zigaretten zu rauchen, während ich wartete. Von Zeit zu Zeit konnte ich die Musik von Geigen hören, und sie hallten seltsam wider, als hätte mich vor langer Zeit eine fröhliche Melodie dafür gerügt, dass ich dort ganz allein war. Als sie aufhörten , musste ich eingeschlafen sein, denn das nächste, was ich wusste, war, dass jemand mit dem Auto beschäftigt war und dass meine Scheinwerfer beide ausgegangen waren. Stellen Sie sicher, dass ich wie aus einem Guss aufgesprungen bin und „Hallo", rief ich, „was zum Teufel denken Sie denn, dass Sie da tun?" Dann sah ich meinen Fehler. Bei dem Neuankömmling handelte es sich offenbar um ein Mädchen, eines der Dienstmädchen des Hauses, und sie verstaute Gepäck im Auto.

„Oh", sage ich, „dann kommt doch Miss Davenport, oder?"

Das Mädchen setzte ihre Arbeit fort und sah mich kaum an. Als sie sprach, fand ich, dass ihre Stimme sehr seltsam klang; und anstatt mir zu antworten, stellte sie eine Frage:

„Kennen Sie die Straße nach Colchester?"

„Nach Colchester?"

„Du nimmst die erste Straße nach links, wenn wir hier weggehen — dann gehst du geradeaus weiter, bis ich dir sage, dass du anhalten sollst. Verstehe, was auch immer passiert, du musst so schnell wie möglich vorankommen. Der Rest liegt bei —"

Er blieb abrupt stehen, und das war kein Wunder. Wenn du mir zehntausend Pfund gegeben hättest, um meinen Mund zu halten, hätte ich das Geld in diesem Moment verloren. Für wen, glauben Sie, war das Dienstmädchen? Kein anderer als der stärkehaltige Kammerdiener Joseph, den ich in Mr. Colmachers Wohnung gesehen hatte.

„Steh auf, mein Junge", rief er und warf alle Tarnung über Bord. „Hörst du das Geräusch nicht? Sie haben herausgefunden, dass Miss Davenport geht und der Job weg ist. Wir werden Benny morgen früh Bescheid sagen ..." Was wir heute Abend tun müssen, ist, ihnen zu zeigen, was wir drauf haben, und scharf darauf zu sein.

Er forderte mich auf, zuzuhören, und ich hörte das Läuten einer Alarmglocke, das Bellen von Hunden und dann den Klang vieler Stimmen. Ein gewisser Verdacht, ja, mehr als das, eine ziemlich kluge Vermutung über die Wahrheit war damals möglich, und ich hätte jedem Mann zehn Pfund zunichte gemacht, dass „Liebe" in diesem Geschäft nicht viel bedeutete, was auch immer die wahre Natur davon sein mochte . Übrigens hatte der Kerl kaum die Worte herausgebracht, als das Glitzern von etwas Hellem, das er auf den Boden fallen ließ, mich dazu veranlasste, mich zu bücken und ein goldenes, mit Diamanten besetztes Uhrenarmband aufzuheben. Im selben Moment hörte ich einen Mann hinter mir auf der Straße rennen, und der eigentlich auf mich zukommen sollte, aber genau der „Trottel", der mir erst gestern Morgen beim Abwaschen meines Autos geholfen hatte.

„Halten Sie diesen Mann!" schrie er und warf sich auf den Kammerdiener. „Er ist Marchant, der Hotelräuber aus den Yankees – halten Sie ihn im Namen des Königs fest – ich bin Polizist und habe einen Haftbefehl."

Nun, das war etwas, wenn Sie so wollen, und ich glaube, niemand wird sich über meine Überraschung oder das Zögern wundern, das mich überkam. Mich auf diese Weise mit zwei Männern konfrontiert zu sehen, die noch vor nicht einmal vierundzwanzig Stunden so anders zu sein schienen als sie waren; zu entdecken, dass einer von ihnen als Frau verkleidet war und der andere sagte, er sei ein Polizist – nun, beschuldigen Sie mich, dass ich mit weit geöffnetem Mund da stehe und meine Augen vor Überraschung starren? Schade, dass ich es trotzdem getan habe, denn der „Nichtsnutz" lag im nächsten Moment auf dem Boden, und es brauchte keinen zweiten Blick, um mir zu sagen, dass es lange dauern würde, bis er aufstehen würde wieder.

Ich werde nie vergessen, selbst wenn ich hundert Jahre lebe (was für einen Mann, der sich nicht viel von Geschwindigkeitsbegrenzungen hält und allen Richtern in Sussex bekannt ist, ein ziemliches Glück wäre), werde ich nie vergessen, wie sich dieser Kammerdiener gegen den armen Kennaway gewandt hat (denn so hieß der Detektiv) und legte ihn flach ins Gras. So ein wütendes Knurren habe ich noch nie gehört. Der Mann schien sich in einem Augenblick von einem schweigsamen, zurückhaltenden, schweigsamen Diener in einen sehr Wahnsinnigen verwandelt zu haben, der mit Zähnen und Klauen kämpfte, schrecklich fluchte und fluchte und so stark wie ein Gorilla war.

Immer wieder schlug er auf sein Opfer ein, die heftigen Schläge klangen wie das Aufschlagen von Eisen auf einem Teppich; Und lange bevor ich wieder zu Verstand kam und Kennaway zu Hilfe sprang, lag der arme Kerl bewusstlos und stöhnte im Gras am Straßenrand. Das nächste, was ich davon wusste, war, dass ich einen Revolver so nah an meiner Stirn hatte, wie es ein Revolver nur sein kann, und dass der Mann Joseph mich zum Auto schob, während er etwas sagte, dem ich zuhören musste, wenn ich es wollte würde mein Leben retten.

„Steh auf, du Narr", schrie er. „Willst du, dass ich dich so behandle, wie ich ihn behandelt habe? Steh auf, oder beim Herrn, ich blase dir das Gehirn raus!"

Nun, beurteilen Sie mich danach, wie Sie wollen, aber ich gehorchte ihm wie jedem anderen Kind. Was ich für den armen Kennaway zu tun versucht hatte, zeigte sich an der Schnittwunde an meiner Stirn, die ich bis zu meinem Todestag tragen werde. Solch eine Stärke und ein solches Temperament habe ich noch nie bei einem Mann erlebt, und sie machten mir unfassbar große Angst. Es gibt Menschen und menschliche Tiere, und dieser Kerl gehörte zur letzteren Sorte. Kein rasender Wahnsinniger hätte einem Mitgeschöpf Schlimmeres antun können; Und als ich mich auf den Fahrersitz setzte und den Motor startete, zitterten meine Hände so sehr, dass ich sie kaum am Lenkrad halten konnte.

Wir sprangen weg, hinter uns ertönten laute Stimmen und die Alarmglocke des Hauses läutete immer noch. In meinem Kopf ging es vor allem darum, dass ich mit diesem Verrückten als Begleiter auf die Straße gehen würde und dass er mir früher oder später ein Ende bereiten würde. Beurteilen Sie meine Lage, da ich wusste, dass im Laderaum dahinter ein Mörder saß und dass er einen Revolver in voller Ladung in der Hand hielt. Mein Gott! Es war eine schreckliche Reise, die schrecklichste, die ich jemals machen werde.

Er würde mich töten, wenn es ihm passte. Ich war mir dessen ebenso sicher wie meiner eigenen Existenz. In einer oder zwanzig Meilen, hier in den Gassen von Cambridgeshire oder dort drüben, wenn wir uns dem Meer näherten, würde dieser Verrückte das Geschäft erledigen. Furchterregender als jede Gefahr, der ein Mann ausgesetzt sein kann, war diese Gefahr in meinem Rücken. Ich lauschte auf ein Wort oder einen Laut von ihm; Ich versuchte, hinter mich zu schauen und zu sehen, was er tat. Er machte keine Bewegung, und kilometerweit brausten wir die stille Straße entlang, durch den Nebel und die Dunkelheit, zum unbekannten Ziel – einem Mörder und seinem Opfer, für das ich mich sicherlich hielt.

Es gibt viele Menschen, die den Mut für einen plötzlichen Anruf haben, aber nur wenige, die einer langen Prüfung standhalten können. Alles, was ich Ihnen darüber sagen kann, wie Angst ist, die Angst vor dem schnellen Tod und den damit verbundenen Schmerz und die Qual, würde Ihnen nichts von meinen Empfindungen während dieser verrückten Fahrt vermitteln. Manchmal hätte ich mir fast gewünscht, dass er auf der Stelle damit Schluss machen würde, mich aus Gnade erschießen würde, wo ich saß, und mir die Qual der Ungewissheit ersparen würde. Aber Meile um Meile gingen wir, ohne ein Geräusch von ihm zu hören; Und als ich in purer Verzweiflung langsamer wurde und ihn nach dem Weg fragte, war er wie ein Tiger auf mir und ich musste erneut um mein Leben rennen. Durch Haverhill, von dort nach Sibil Ingham und Halstead – ja, bis die Türme von Colchester im Morgenlicht hervorstanden, ging das Rennen weiter. Und ich begann zu sagen, dass er mich vielleicht doch verschonen würde, dass ich für ihn notwendig sei und dass sein Ziel Harwich und der Morgendampfer nach Holland sei. Narr! Dann schoss er auf mich, dann kam das Ende.

Ich glaubte, ihn bewegen zu hören; Irgendein Instinkt – denn in diesen Dingen steckt ein Instinkt, lassen Sie andere sagen, was sie wollen – veranlasste mich, mich halb umzudrehen und ihn im Laderaum stehen zu sehen. Keine Zeit für Besonnenheit, keine Zeit für Entschlossenheit oder irgendetwas anderes als die Angst vor dem Tod, die die Glieder lähmt und das Herz zur Ruhe zu bringen scheint. Mit einem Schrei, der schrecklich anzuhören war, feuerte er seine Pistole ab, und ich hörte den Knall wie Donner in meinem Ohr, während das Pulver mein Gesicht verbrannte wie die Berührung von glühendem Eisen. Aber einen zweiten Schuss gab er nie ab. Ein plötzlicher Ruck, als ich das Lenkrad losließ, ließ das Auto auf das Gras am Straßenrand prallen, brachte den Mörder aus dem Gleichgewicht und schleuderte ihn nach hinten. Es gab einen gewaltigen Krach, ich befand mich unter der Ladefläche und dann, wie es schien, wieder oben. Schließlich wälzte ich mich immer wieder aufs Gras und blieb dort, Gott weiß wie lange, voller Ehrfurcht und Schrecken vor allem, was mich überfallen hatte.

Aber der Diener selbst lag tot da, er wurde am Hals erfasst, als das Auto überschlug und fast bis zur Unkenntlichkeit zerschmetterte. Und das war das Urteil über ihn, wie ich bis zum Ende meines Lebens glauben werde.

Sie haben den alten „Benny" nie erwischt, jedenfalls nicht für diesen Job. Es stellte sich heraus, dass er der Anführer einer Betrügerbande war, die in Amerika und Paris wegen seines schönen sandfarbenen Haares als „Red Poll"-Bande bekannt war. Er muss für fünfzig Jobs in Europa gesucht worden sein, und ebenso viele auf der anderen Seite. Sein vermeintlicher Sohn, Herr Walter, und der Kammerdiener Marchant waren nur zwei Mitglieder der Gesellschaft. Und warum sie mich engagierten, war der Autounfall des Mannes Walter, der ihn aus dem Rennen machte, als der Einbruch bei Lord Hailsham durchgeführt werden sollte.

Kennaway , der Detektiv, lag nach seinem kleinen Schicksal drei Monate im Krankenhaus. Es war klug von ihm, mich unterwegs ein Telegramm aufgeben zu lassen, denn sobald er es bekam, telegrafierte er an den Chief Constable in Cambridge und kam selbst mit dem Zug. Die örtliche Polizei legte eine Liste aller Hauspartys vor, die an diesem Wochenende rund um Royston abgehalten wurden, und da Lord Hailsham seine Silberhochzeit feierte, brauchte es natürlich nicht viel Witz, Kennaway dorthin zu schicken;

Der Kammerdiener war inzwischen bereits im Haus, als Dienstmädchen verkleidet.

Wir hätten selbst eine Art Silberhochzeit feiern sollen, wie es scheint, denn ich bezweifle nicht, dass „Benny" das gesamte Silber, ganz zu schweigen vom Gold und den Edelsteinen, so schnell wie möglich zum Altar gebracht hätte. Aber auch die besten Pläne von Mäusen und Menschen gehen durcheinander, wie es auch bei Autos der Fall ist, wenn der Mann, der sie fährt, eine Pistole an seinem Kopf hat.

AUF RECHNUNG MIT DOLLY ST. JOHN

Mein alter Vater pflegte zu sagen: „Das Aussehen einer Frau war sein einziges Buch und Torheit war alles, was sie ihm beibrachten", was meiner Meinung nach zeigt, dass er das, was er über Sex wusste, aus einer Leihbücherei erfuhr.

Jedenfalls fuhr er nie ein Auto, sonst hätte er anders geschrieben. Manchmal lese ich in der Zeitung einen Artikel über Frauen und dann lache ich vor mich hin und denke darüber nach, wie viele Tassen es auf der Welt gibt und wie sie geboren wurden, damit das andere Geschlecht Spaß daran hat. Lassen Sie sie sich ans Steuer setzen und ein oder zwei Nachmittage mit der Frau herumfahren. Ich wette, dass danach nicht mehr viel über sanfte Hirten gesprochen wird – aber wenn nicht ein oder zwei Gauner in die Geschichte eintauchen, bin ich Holländer.

Nun, Sie müssen wissen, dass es hier um Dolly St. John geht – ein kleines amerikanisches Mädchen, das ein Auto von der Empire Company gemietet hat, als ich einer ihrer Fahrer war, und ein hübsches kleines Spiel mit uns hatte. Ich holte sie jeden Nachmittag in dem einen oder anderen Hotel ab, und immer in einem anderen, da sie sozusagen nicht gezähmt war und nie darauf bedacht war, ihre Gastfreundschaft zu übertreiben.

Eine zierlichere kleine Karosserie wurde nie auf ein Fahrgestell montiert. Es gibt einige, die es hell mögen, und andere, die es dunkel mögen – aber Dolly St. John war dazwischen, weder das eine noch das andere, sondern ein Typ, der es jedes Mal schafft und zwanzig Köpfe dreht, wenn ein Polizist einen anhält an einer Kreuzung.

Es ist ganz natürlich, dass junge Frauen gerne mit ihren Fahrern sprechen; Und wenn die Wahrheit gesagt würde, würden einige von ihnen uns Dinge erzählen, über die sie niemals sprechen würden, nein, nicht mit ihren eigenen Ehemännern, falls sie welche haben. Dolly war einer von ihnen, und einen gesprächigeren kleinen Körper gab es nie. Ich kannte ihre Geschichte schon am ersten Nachmittag, als ich sie herumführte; und beim dritten hätte ich Ihnen sagen können, dass sie den Hon kennengelernt hatte. John Sarand und wollte ihn heiraten, auch wenn sein alter Vater, Lord Badington , in der Folge auf die Bühne gehen musste.

Wenn ich mich recht erinnere, hatte ich Dolly etwa drei Wochen lang gefahren, als unsere Leute zum ersten Mal unruhig wurden. Es war für sie völlig in Ordnung, über ihren Onkel Nathaniel St. John aus New York City zu sprechen, der hunderttausend Dollar am Tag verdiente, indem er Seifenblasen durch ein Telefon blies; Aber ihre Rechnung für 75, sechzehn und vier blieb unbezahlt, und als Hook-Nosed Moss, unser Manager, sie darum bat, bekam er nur eine Zigarette aus einer Bonbonschachtel und die Andeutung, dass er vorbeikäme Wenn sie wieder einen ähnlichen Auftrag hatte, würde sie darüber an die Zeitungen schreiben. Wäre sie nicht eine geborene kleine Schauspielerin gewesen, die auf jeder Londoner Bühne zwanzig pro Woche verdient hätte, hätte der Mann den Deal auf der Stelle abgeschlossen und die Sache den Anwälten überlassen. Aber sie kitzelte ihn einfach wie ein Vergaser , und er ging nach Hause und sagte, das Geld sei besser als Konsolen und die Firma mache sich lächerlich.

Danach fuhr ich sie noch eine Woche lang, hauptsächlich mit dem Honorary John ins Theater und anschließend zum Abendessen. Sie hatte einen wunderbaren Einkaufswahn und verbrachte Stunden in der Regent Street, während ich draußen das *Auto-Car las* und mich fragte, wie lange es wohl halten würde. Sie täuschen den Mann, der das Auto fährt, nicht – seien Sie sich dessen sicher. Entweder führte sie den Honorary John zum Finanzaltar, oder ihr armer Onkel würde in den Rocky Mountains sein – daran hatte ich keinen Zweifel.

Ich mochte sie, das versteht sich von selbst. Ein Mann ist ein Narr, der einem erzählt, dass der Charme einer hübschen Frau geringer ist, weil ihre Bankiers sich fragen, wie sie das Scheckbuch zurückbekommen sollen, und der Händler um die Ecke sein Hauptbuch mit Tränen befleckt. In gewisser Weise war ich in Miss Dolly verliebt und hätte sie bei jedem Anlass selbst geheiratet; Aber bevor ich mich so oder so entscheiden konnte, war sie wie ein Blitz verschwunden, und die Hälfte der Geldeintreiber in London war hinter ihr her. Das erfuhr ich in der Woche nach dem Verschwinden. Eines Tages ließ sie mich kommen, um sie in Jorans Hotel abzuholen, und als ich dort ankam und der Hotelportier zwei Teppiche und einen Zwergspitz verteilt hatte, kam das Zimmermädchen herbei und sagte, die Dame sei seit elf Uhr nicht zurückgekehrt. Und dann wusste ich instinktiv, dass das Spiel vorbei war – und als ich den Zwergspitz zurückgab, sagte ich: „Sei gut zu ihm, denn er ist eine Waise."

Das war eine Vermutung – eine Vermutung und nichts weiter; und doch, wie wahr erwies es sich! Am folgenden Nachmittag hatte ich einen Techniker bei mir, und er hatte eine hübsche Geschichte zu erzählen. Allerdings war Dolly nicht, wie er selbst erklärte, wirklich unehrlich. Sie hatte ein paar Scheine zurückgelassen; aber wo ist die Frau, die das nicht tut, und wer würde besser von ihr denken, wenn sie es nicht täte? Dolly war keineswegs eine Diebin – aber ihr Einkaufswahn war wild genug, um darüber geschrieben zu werden, und sie kaufte in London Waren im Wert von mehreren Tausend Pfund, nur aus dem bloßen Vergnügen, sie zu bestellen, und nicht mehr.

Ich lache oft, wenn ich daran denke, wie sie die Händler in der Bond Street und im West End zum Narren gehalten hat. Stellen Sie sich vor, wie sie sich verneigten und scharrten, als sie ihnen sagte, sie sollten eine tausend Pfund schwere Tiara oder einen zweihundert Guinea teuren Weißfuchs nach Hause schicken, und versprach, dass sie bei Lieferung bezahlt würden. Sie säumten ihren Weg mit Verbeugungen und Lächeln – und als sie die Waren nach Hause in eine Wohnung am Regent's Park schickten – eine Adresse, die sie immer nannte –, fanden sie diese leer und niemand da, der die Lieferung entgegennehmen konnte. Danach gibt es keine Verbeugungen und Lächeln mehr; aber was konnten sie tun, und welches Vergehen hatte sie begangen? Genau das fragte mich der Techniker, und ich konnte nicht antworten.

„Wir kennen die meisten von ihnen ", sagte er, „aber sie ist nur ein echter Fingerabdruck aus dem Hinterland. Nathaniel St. John telegrafiert aus New York, dass er sie nicht kennt, aber erfreut sein wird, sie kennenzulernen." , wenn wir ihr die Wahrheit sagen. Ich sage diesen Leuten, dass sie sie verklagen können – aber, Mann, Sie könnten genauso gut die Statue von Oliver Cromwell verklagen –"

„Er ist ebenfalls völlig pleite", sagte ich. „Nun, sie hat um ihr Geld gekämpft, und wir wünschen ihr viel Glück. Ich hoffe, dass ich sie nicht zum letzten Mal gesehen habe."

„Wenn ja", sagt er, „stecken Sie mich in Madame Tussauds. Wenn Sie das nächste Mal von Dolly St. John hören, wird es etwas Großes sein. Denken Sie daran, wenn der Tag kommt."

Ich sagte ihm, dass ich es nicht vergessen würde, und wir trennten uns danach. Dolly war ein hübsches Geschenk für eine Teeparty, aber ein Fahrer sieht zu viele Gesichter, als dass er eines zu lange im Gedächtnis behalten könnte, und ich muss gleich sagen, dass ich ihren Namen vergessen hatte, als ich sie das nächste Mal sah. und war so ziemlich der erstaunteste Mann im Umkreis von vier Meilen, als ich sie eines schönen Nachmittags in einem Hotel im West End abholte und sie mir sagte, wir würden zusammen aufs Land fahren.

„Aber", sage ich, „dieses Auto wurde von Miss Phyllis More gemietet –"

„Oh, du dummer Mann!" rief sie. „Sehen Sie nicht, dass ich Miss Phyllis More bin? Ich dachte, Sie wären schlau genug, um zu verstehen, dass Damen manchmal ihren Namen ändern, Britten. Warum sollte ich also nicht Phyllis More heißen, wenn ich das möchte? Werden Sie es sein?" unfreundlich genug, den Leuten davon zu erzählen? Ich bin mir sicher, dass du das nicht bist, denn du warst so gut zu mir, als ich das letzte Mal in England war."

Dies alles geschah nun in ihrem Privatzimmer, in das ich vom Portier hinaufgeschickt worden war. Drei Monate waren vergangen, seit ich Dolly und den Honorary John gefahren war, aber sie hatte sich kein bisschen verändert; und ich fand sie genau die gleiche verführerische kleine Hexe mit den Grübchen und dem lockigen braunen Haar, die letzte Weihnachtszeit mit den Händlern im West End die Zwei gespielt hatte. Wunderschön gekleidet in Grün, mit einem hübschen Motorschleier, muss ich sagen, dass sie ein Bild war; und als ich sie ansah und mich an Hook-Nosed Moss erinnerte, unseren Verkehrsleiter bei der Empire Company, und daran, wie er mich letzten Samstag zu viert und zu neunt angedockt hatte, schwor ich, dass ich sie mitnehmen würde; ja, wenn sie mir befahl, nach San Francisco durchzufahren.

„Ich glaube nicht, dass ich es tun sollte, Miss", sagte ich, „es sei denn, Ihr Onkel in New York hat Ihnen etwas hinterlassen –"

„Oh", brach sie lachend aus, als sie es sagte, „er ist tot, Britten; außerdem möchte ich jetzt keine Onkel mehr, denn ich werde Mr. Sarand heiraten , sobald Lord Badington seine Zustimmung gibt – und das wird nicht der Fall sein." Es wird noch lange dauern, denn wir gehen heute Abend zu ihm nach Hause, um es zu holen.

Ich sagte ihr offen, dass es mich freute, das zu hören, und dass ich Herrn Sarand für einen sehr glücklichen Herrn halte. Darüber hinaus glaubte ich ihrer Geschichte und wusste, dass es bei einem Scheitern dieser Ehe keinen großen Ärger um die fünfundsiebzig meiner Firma geben würde und dass die Hälfte der Handwerker in London innerhalb einer Woche erneut hinter Dolly her sein würde. Also beschloss ich, es zu tun, und schickte ein Telegramm an den Hof zurück, in dem ich ihnen mitteilte, dass die Dame das Auto für zwei oder drei Tage wollte, und ihr erklärte, dass ich mir auf dem Weg dorthin etwas Gepäck kaufen müsse – für Ich mag einen sauberen Abend – ich war bereit für Miss Phyllis More und war mit dem Unterfangen überhaupt nicht unzufrieden.

„Es fiel ihr schwer, in London weiterzumachen, während John sich um die Werbung kümmerte", sagte ich mir, „und das hat sie dazu veranlasst, ihren Namen zu ändern. Wenn sie ihn nicht erwischt, sind wir ein anderer." Fünfundzwanzig weniger, und Moss wird Jude werden müssen. Nun, ich kann viele so gute Jobs bekommen wie er, und es gibt nicht viele Dolly St. Johns auf der Welt, alles in allem. Ich werde es riskieren , und ertrage danach meine zermürbende Auseinandersetzung . Und wenn Mr. Johns Papa sich nicht rühmen sollte, werde ich für mich selbst ein Wort einlegen. Es würde ohnehin eine Zeile in den Zeitungen hervorbringen, und wer weiß, außer was wir Könnten sich nicht beide auf dem Flur verloben?"

Das war natürlich nur meine Art, es auszudrücken; aber ich habe mich wirklich gefreut, wieder ein so hübsches Mädchen zu fahren; Und als ihr alter Korbkoffer herunterkam und wir ihn hinten am Gitter befestigten und ein halbes Dutzend Hutschachteln auf den Rücksitzen verstreut waren, hatte ich das Gefühl, dass die alten Zeiten wieder gekommen waren und dass ich einer der glücklichsten Fahrer war in dem Land.

„Wie weit gehen wir, Fräulein?" Ich fragte sie, wann alles fertig sei.

„Zu Lord Badingtons Haus – in der Nähe von Sandwich in Kent."

„Es ist ein langer Weg, und wir werden nicht vor Einbruch der Dunkelheit dort sein."

„Oh", sagt sie, „sie erwarten mich erst ziemlich spät; tatsächlich glaube ich nicht, dass Lord Badington selbst vor dem letzten Zug aus der Stadt zurückkommt."

Ich bemerkte, dass sie großen Wert auf die Worte „Lord Badington " legte, zweifellos zum Wohle der Hotelträger; Aber ich war ihr deswegen nicht böse, wenn ich mich daran erinnerte, dass sie eine alleinstehende Frau und vielleicht schutzlos war; und ohne weitere Worte machten wir uns auf den Weg über die Westminster Bridge und machten uns sehr bald auf den Weg die Old Kent Road hinunter. Ein paar Stunden später kamen wir nach Maidstone , wo wir Tee tranken; Es war genau Viertel nach fünf, als wir uns wieder auf den Weg nach Canterbury machten, und gut anderthalb Stunden später, als wir die muffige Altstadt betraten.

Ich werde diese Reise nie vergessen, das Land, das gerade die Knospen des Frühlings zeigt, die Straßen weiß und schön, die zwanzig Renault, die so reibungslos laufen wie eine schöne Uhr. Drei Monate waren vergangen, seit ich Miss Dolly gefahren war, und dies war der Monat Mai. Und doch war sie hier, dieselbe böse kleine Hexe wie immer, trottete mit einer wilden Besorgung umher und war dabei, das Beste daraus zu machen, das könnte ich schwören. Was mich betrifft, ich hatte mit Sicherheit den Sack vor mir; aber das interessierte mich wenig. Wer hätte das getan, wenn Dolly St. John sein Beifahrer gewesen wäre?

Wir sind durch Canterbury gefahren, sage ich, und haben das Auto auf der schönen Straße auf Hochtouren gebracht, nachdem Sturry passiert war. Ich kenne das Land hier ziemlich gut, bin es gewohnt, von Zeit zu Zeit schicke Badeorte zu besuchen, und kenne Ramsgate und Margate gut, ganz zu schweigen von Deal und Dover. Meine Straße führte an Monkton vorbei in Richtung Pegwell Bay, und gerade am Eingang von Minster ließ Dolly mich ohne große Vorwarnung anhalten und zog mich zum ersten Mal in ihr Vertrauen.

„Britten", sagt sie, „es gibt etwas, das ich dir nicht gesagt habe, das ich dir aber jetzt sagen sollte. Ich werde überhaupt nicht in Lord Badingtons Haus eingeladen."

„Nicht gefragt", sagte ich mit weit geöffnetem Mund, um ein halbes Liter Getriebe „B" zu schlucken. „Was nützt es dann, dorthin zu gehen, wenn man nicht eingeladen ist?"

„Oh", sagt sie süßer als je zuvor, „ich denke, sie werden froh sein, mich zu haben, wenn ich reinkomme, Britten; aber wir müssen unsere Rollen sehr gut spielen."

Ich habe darüber gelacht.

„Da keiner von uns in der theatralischen Linie ist, glaube ich nicht, dass irgendjemand mich für Sir Beerbohm Tree oder Sie für die Lustige Witwe halten wird", sage ich, „aber ich werde trotzdem mein Bestes geben." am besten."

Das gefiel ihr, und sie sah mich aus ihren hübschen Augen an, gerade süß genug, dass ein Mann sich für eine Schönheit hielt.

Badingtons Haus eine Panne hätte , würden sie mir vielleicht für die Nacht Unterschlupf gewähren; zumindest hoffe ich, dass sie das tun würden, und wenn nicht, dann ja, dann schon." Es spielt keine Rolle, und wir können im Hotel in Sandwich Halt machen. Es müsste eine echte Panne sein, denn Lord Badington hat seine eigenen Autos, und seine Fahrer wären sicher geschickt darin, alles wieder in Ordnung zu bringen ——"

ihnen im British Museum Statuen aufstellen . Mehr sagen Sie nicht, Miss. Wir werden brechen." gut genug, und wenn Sie morgen früh nicht mit Seiner Lordschaft frühstücken, machen Sie mir keine Vorwürfe.

Sie nickte; und ich könnte schwören, dass die Aufregung ihre Augen zum Leuchten brachte. Sie müssen wissen, dass Lord Badingtons Haus mit Blick auf die Pegwell Bay liegt , nicht weit von den Golfplätzen entfernt, während die Ramsgate Road direkt vor seinen Türen verläuft. In der Nähe gibt es nur eine Art Gasthof und kein Häuschen in Sicht. Ich erkannte, dass der Ort nicht besser hätte gewählt werden können, und fünfzig Meter von den großen Eisentoren entfernt stieg ich von meinem Platz auf und machte mich für die Arbeit bereit.

„Sind Sie wirklich sicher, dass Sie das ernst meinen, Miss?" Ich fragte sie, da ich wusste, was Frauen sind. „Du wirst deine Meinung hinterher nicht ändern und mir die Schuld geben, weil das Auto nicht fährt?"

„Wie kann man so etwas fragen?" war ihre Antwort. „Hängt meine ganze Zukunft nicht von unserem Erfolg ab, Britten?"

„Dann müssen Sie nicht lange warten", entgegnete ich, öffnete die Motorhaube und machte mich an die Arbeit am Magnetzünder, und in zwanzig Minuten hatte ich die Arbeit so sicher erledigt, wie es die Hersteller selbst hätten erledigen können.

„Wenn dieses Auto heute Abend weiterfährt", sagte ich, „ muss jemand es schieben. Nun sagen Sie mir bitte, was der nächste Schritt ist, Fräulein, denn ich fange an zu denken, dass mir mein Abendessen gefallen würde." ?"

Mittlerweile war sie selbst auf der Straße und sah in ihrem Motorschleier und den wunderschönen Zobeln, die Mr. Sarand ihr letzten Winter geschenkt hatte, ziemlich hübsch aus. Als sie mir sagte, ich solle zum Haus gehen und sagen, dass das Auto einer Dame vor dem Tor eine Panne hatte, hätte ich zwanzig zu eins auf den Erfolg ihres Plans gesetzt, vorausgesetzt, wir wären nicht allein gelassen worden die Diener, die vor der Tür eines Adligen Unhöflichkeiten anbellen. Hier hatte Miss Dolly Glück gehabt, denn kaum hatte ich die große Glocke an Lord Badingtons Tor betätigt, kam schon sein eigener Wagen die Auffahrt heraufgeflogen, auf dessen Rücksitz Seine Lordschaft selbst saß.

„Was willst du, mein Mann?" „fragte er in einem schnellen, scharfen Ton – er ist ein Wunder für zweiundfünfzig, und seit er sie verlassen hat, gab es keinen schlaueren Mann in der Garde. "Wo kommst du her?"

„Bitte um Verzeihung, Sir", sagte ich, denn ich wollte nicht so tun, als ob ich ihn für einen Lord kenne, „aber das Auto meiner Herrin ist in Schwierigkeiten geraten, und sie hat mich geschickt, um zu fragen, ob jemand das könnte Hilf ihr."

„Was, du bist kaputt –"

„Es ist nur so, Sir; der Magnetzünder ist völlig schiefgegangen. Ich muss abgeschleppt werden, wenn ich heute Nacht noch weitermache."

Er stand neben mir auf der Treppe und schien einen Moment zu zögern. Ein Wort, und er hätte seinem eigenen Chauffeur gesagt, er solle uns weiter nach Sandwich fahren; aber es wurde nie ausgesprochen, und ich werde Ihnen sagen, warum. Miss Dolly selbst war mir die Auffahrt hinauf gefolgt und traf genau in diesem Moment am Tatort ein.

„Oh, es tut mir so leid, dich belästigen zu müssen", rief sie mit ihrer süßesten Stimme, „aber mein Auto ist völlig kaputt und ich bin so müde und hungrig, dass ich nicht weiß, was ich tun soll. Lassst du mich ausruhen?" hier nur eine kurze Weile?"

Sprechen Sie über Schauspielerinnen; Es gibt keinen von ihnen im West End, der auch nur halb so gut abgeschnitten hätte. Da war sie und sah aus wie ein Abbild der Verzweiflung, und da war Seine Lordschaft, die seinen

Schnurrbart zwirbelte und sie beäugte, als wäre sie mit ihrer Weisheit am Ende und wüsste nicht, was sie tun sollte. Wenn er nicht lange brauchte, um zu einem Entschluss zu kommen, schieben Sie es auf Dollys blaue Augen zurück – er konnte zu dieser Nachtzeit ihre Farbe nicht sehen, aber er konnte sie fühlen, da bin ich mir sicher; und als er gleichsam zu einem Schluss kam, wandte er sich an seinen Mann und gab ihm einen Befehl.

„Diese Dame wird heute Nacht hier bleiben", sagte er. „Gehen Sie und helfen Sie ihrem Fahrer, das Auto einzuladen, und sorgen Sie dafür, dass für ihn gesorgt wird", und ohne ein weiteres Wort wartete er darauf, dass Miss Dolly das Haus betrat. Glauben Sie mir, ich hätte nie gedacht, dass Mr. Johns Aktien höher stehen würden – und „Britten, mein Junge", sage ich zu mir selbst, „wenn das im richtigen Moment nicht einen coolen Fünfziger wert ist, fahren Sie doch nie einen hübschen." Mädchen nicht mehr.

Ich hatte an diesem Abend einen seltenen Spaß, teils mit Biggs, dem Chauffeur seiner Lordschaft, und teils mit einem Motorexperten, der mit dem Fahrrad vorbeikam und sagte, er würde meinen Renault in zwanzig Minuten wieder startklar machen. Ich gehöre nicht zu denen, die eine Unterbringung in Dienstbotenunterkünften ertragen können, und habe mich lieber dafür entschieden, in dem kleinen Gasthaus unten an der Bucht abzusteigen und dort mein Glück zu versuchen. Hierher kam Biggs nach dem Abendessen und er und der Motorexperte machten sich an die Arbeit mit meinem Hochspannungsmagnetzünder.

Segne die beiden, sie hätten vielleicht einen Monat dort bleiben können, und es ging ihnen nicht besser – denn Sie müssen wissen, dass ich die Armatur herausgenommen hatte, und wenn Sie eine Armatur herausnehmen und nicht ein Stück Weicheisen hineinschieben Danach sind Ihre Magnete aufgebraucht und werden bis zur Neumagnetisierung nichts mehr wert sein . Das verwirrte die beiden, und sie blieben bis nach elf Uhr dort, tranken genug Bier, um einen Lastkahn schwimmen zu lassen, und gestanden, dass es ein Rätsel sei.

„So etwas habe ich in zehn Jahren Erfahrung noch nie gesehen", sagte der Motorexperte.

„Ich bin enttäuscht , wenn ich nicht glaube, dass der Teufel in den Magnetzünder geraten ist", sagte Biggs; und da stimmte ich ihm zu. Denn war es nicht Miss Dolly, die es getan hatte, und sie ist es auch nicht – aber das wäre unhöflich gegenüber dem Sex, deshalb werde ich es nicht aufschreiben.

Ich erfuhr von Biggs, dass Lord Badingtons Tochter und sein Stiefsohn mit ihm im Haus wohnten, und ein paar alte Herren, die sich, wenn sie nicht gerade in Westminster Gesetze machten, auf den Links in Sandwich lächerlich machten. Tatsächlich war es eine Golfparty, und am nächsten Morgen fuhr Biggs früh mit ihnen zu Prince's – und, glauben Sie mir ? –, der Wagen kam nach und nach für die Damen zurück, und Miss Dolly fuhr ebenso ruhig davon als hätte sie sie ihr ganzes Leben lang gekannt. Kein Wort zu mir, kein Wort darüber, weiterzumachen oder das Auto fertig zu machen, sondern nur ein Nicken und ein Lachen, als sie vorbeiging, und etwas in ihren Augen, das zu sagen schien: „Britten, mir geht es hervorragend.", und ich habe dich nicht vergessen.

Am selben Nachmittag, zur Teezeit, ließ sie mich rufen und unterhielt sich mit mir im Flur. Da erfuhr ich, dass sie versprochen hatte, bis zum nächsten Morgen anzuhalten, und fragte mit einer Stimme, die niemand verkennen konnte, ob das Auto bereit sei. Als ich ihr sagte, dass ich auf einen neuen Magnetzünder aus London warte, dachte ich, sie würde mich sofort küssen.

„Oh, Britten", sagte sie flüsternd, „angenommen, wir könnten drei oder vier Tage lang nicht miteinander auskommen."

„In diesem Fall", sagte ich, „sollte ich bedenken, dass wir wirklich Pech hatten, Fräulein, aber ich werde mein Bestes geben."

„Fühlst du dich im Gasthaus wohl, Britten?"

„Ich nehme schnell Fleisch an, Miss. Ich hätte nie gedacht, dass es so viele Ablenkungsmanöver auf der Welt gibt."

„Und dein Zimmer?"

„Sie haben es gebaut, als sie dachten, der König würde nach Sandwich kommen."

Sie lachte und sah mich an, und gerade als ich ging, flüsterte sie: „Schaffe es drei oder vier Tage, Britten", und ich versprach es ihr mit einem Blick, den sie nicht verkennen konnte. Und warum nicht? Was war gegen uns? War das nicht alles ganz einfach? Stimmt wirklich, bis auf eine kleine Tatsache. Ich sage es Ihnen mit einem Wort: Hook-Nosed Moss und der alte Wechsel, den er wie einen Liebesbrief mit sich herumtrug – ein Wechsel gegen Dolly St. John über fünfundsiebzig Pfund, sechzehn Schilling und vier Pence.

Nun, Moss kam am zweiten Nachmittag plötzlich aus der Stadt herunter, und während er einen neuen Magnetzünder unter dem Arm trug, steckte der Geldschein genau richtig in seiner Tasche. Ich stand an der Tür des Gasthauses, als er im Flieger heranfuhr, und als ich das Gesicht erkannte , hätte man mich mit einem Baumwollschirm umwerfen können. Nicht, dass ich meine Geistesgegenwart verloren hätte oder irgendetwas Dummes gesagt hätte, sondern nur, dass es mir so leid tat, dass Dolly St. John alles riskierte, was ich auf der Welt hatte, um sie vor diesem Landhai zu retten. Dass Moss sie herausgefunden hatte, daran zweifelte ich keinen Moment, und seine ersten Worte sagten mir, dass ich Recht hatte.

„Wissen Sie, wen Sie durch das Land geführt haben?" fragte er, als er zurücktrat. Ich antwortete, dass dies nicht der Fall sei, dass ich aber glaube, dass die Dame eine Verwandte von Lord Badington sei . Dann war er ziemlich wütend.

„Lord Badington „Ich bin verdammt", sagte er und sprach wie immer durch die Nase, „ihr Mädchen ist Dolly Sid John, und sie ist die Sabe, die uns im Winter getötet hat." Ich wundere mich, dass du so ein kostbarer Narr warst, dass du sie nicht erkannt hast . Wollen Sie mir weismachen, dass Sie sie nicht umgebracht haben ?"

"Was!" Ich weinte und riss meine Augen weit auf: „Sie ist Dolly St. John! Nun, Sie überraschen mich wirklich; und sie ist noch heute Nachmittag nach Dover gefahren – zumindest, wenn nicht nach Dover, dann nach Folkestone –, aber Biggs würde es uns sagen . Sind Sie da ganz sicher, Sir?"

Er schwor, dass er sich sicher sei, und sagte mir weiter, wenn ich nicht der größte Trottel Europas gewesen wäre, hätte ich es von Anfang an gewusst.

„Wo sind deine Augen?" er fragte mich immer wieder; „Willst du damit sagen, dass du eine Frau mehrere Tage lang durch London fahren kannst, ohne sie drei Monate später wieder zu verlassen ? Du bist ein toller Kerl. Du verdienst eine Statue im Narrenmuseum, mein Wort, das tust du. Und jetzt." Bring mich zum Auto und lass uns sehen, was los ist. Sobald wir in London sind, werde ich dir mehr zu sagen haben, das solltest du dir merken, mein Mann."

Ich habe ihm keine Frechheit geschenkt, so gerne ich es auch getan hätte. Mein Ziel bestand darin, Miss Dolly so weit wie möglich zu beschützen und ihr zuliebe den Mund zu halten.

Offenbar war ihre Lage gefährlich. Wenn diese junge Jüdin zum Haus hinaufginge und ihnen erzählte, dass ihr Name nicht More, sondern St. John sei, würde das Fett mit aller Macht im Feuer landen, und ihre Chance, John Sarand zu heiraten, wäre ungefähr so groß wie meine, sich zu paaren mit den gekrönten Häuptern Europas. Was zu tun war, wusste ich genauso wenig wie die Toten. Ich hatte keinen Boten, den ich zum Haus hinaufschicken konnte; Ich wage es nicht, Moss allein zu lassen, um mit den Leuten im Gasthaus zu reden; Und da war ich, half ihm, den neuen Magnetzünder einzubauen und einzustellen, und hatte einfach das Gefühl, ich würde zehn Pfund für das Privileg zahlen, ihn mit seinem eigenen Schraubenschlüssel niederzuschlagen.

Wir beendeten die Arbeit in etwa einer halben Stunde und der Renault sprang sofort an. Während wir bei der Arbeit waren, hatte Moss nicht von Miss Dolly gesprochen; Doch als der Motor ansprang, fiel ihm sein Geschäft wieder ein und er ging wie eine Wut auf mich los.

„ Warum hast du gesagt, dass sie angefangen hat?" er hat gefragt.

„Etwa um zwei heute Nachmittag, glaube ich."

„In wessen Auto?"

„Ja, natürlich seine Lordschaft."

„Sie scheint ziemlich übermütig zu sein . Vielleicht sollte ich ihr lieber eine Chance geben , zu bezahlen?"

Ich lächelte.

„In Dover gibt es Boote nach Frankreich", sagte ich. „Was ist, wenn sie mit der Nachtpost rüberkommt?"

Er sah mich äußerst schlau an.

„Ich kann dich nicht erkennen, Britten", sagt er; „Entweder bist du der größte Dummkopf oder der größte Schurke in meinem Auftrag . Manchmal siehst du dir auch schlau genug aus. Angenommen, wir fahren mit dem Auto nach Dover und sehen, was dort los ist."

„Ja", sagte ich, „und Sie können den Pier in Folkestone anrufen , um das Schiff anhalten zu lassen, wenn es von dort aus weitersegelt."

Er schnippte mit den Fingern und lächelte über sein ganzes Gesicht.

"Das ist es!" er weinte. „Wenn sie das Land verlässt, werde ich sie verhaften. Ich wünschte, du wärst halb so scharfsinnig gewesen, als du sie in London abgeholt hast ."

„Es sind diese Motorschleier", sagte ich. „Sie können nicht erwarten, dass ein Mann durch drei Dicken Shuffon hindurchsieht — nicht wahr, Mr. Moss?"

Es war ein Glücksfall, und auf mein Wort, ich glaube wirklich, dass ich begonnen habe, ihn zu überreden. Ob ich es tat oder nicht, wir waren in zehn Minuten mit dem Auto auf der Straße und fuhren schon vorher nach Dover eine Viertelstunde war vergangen. Zuvor war ich unter dem Vorwand , meinen Mantel zurückzulassen, in das Gasthaus geschlichen und hatte einen Brief für Miss Dolly hinterlassen, damit dieser von Biggs abgeholt werden sollte, als er dort ankam, um mich zu unserem Abendspaziergang zu treffen. „Moss ist hier", schrieb ich, „passen Sie auf sich selbst auf."

Ich lache jetzt, wenn ich an die Reise nach Dover denke und an den alten Shekels Moss, der wie ein Falke auf dem Sitz neben mir sitzt. Welche Lügen ich ihm erzählen musste – was ich ihn erschreckte, als ich ihn darauf hinwies, dass sie möglicherweise mit dem Nachmittagsboot gefahren war oder vielleicht direkt weiter nach Southampton gefahren war. Meine eigene Idee war, die Nacht in Dover zu verbringen, was auch immer passieren mochte, und kaum hatten wir beim „Lord Warden" angehalten, hatte ich schon ein Taschenmesser in der Außenfront Reifen und drehte mir den Rücken zu, als der Wind nachließ. Dadurch wurde die Flucht nach Folkestone sofort gestoppt, und als ich die Arbeit erledigt hatte, sagte Moss, er würde die Polizei anrufen, wie ich vorgeschlagen hatte, und dabei Miss Dolly beschreiben, aber nichts über Seine Lordschaft sagen.

„Vielleicht macht er etwas mit uns, Britten", bemerkte er. „Ich werde seinen Tupfer nicht darin haben – aber ich werde ihm von ihr erzählen, sobald ich die Chadce bekomme , und sie wird nicht lange in seinem Haus bleiben, oder ?"

„Vielleicht nicht", sagte ich; „Aber wenn sie den Sohn seiner Lordschaft heiratet, wird der Stiefel auf dem anderen Bein sein. Darüber sollten Sie besser nachdenken, Mr. Moss."

„Was ich will, ist meine Mode ", erwiderte er. „Wenn sie nicht zahlt, geht sie ins Gefängnis – ich vertraue zu sehr auf den Adelsstand, um mich mit Versprechungen vollstopfen zu lassen. Entweder den Modey oder den Writ. Ich werde hier ernähren, Britten, und nach Sadwich zurückgehen , wenn sie es nicht tut auf den Booten. Vielleicht waren wir ein paar Idioten, die überhaupt kamen.

Ich sagte nichts, war mir aber trotzdem ziemlich sicher, dass ein Idiot im Auto mitgekommen war. Meine Aufgabe bestand darin, Moss so lange wie möglich in Dover zu halten, und das gelang mir recht gut. Nichts konnte Miss Dolly retten, wenn er zu Lord Badingtons Haus stolperte und ihm erzählte, was sie in London getan hatte und wie lieb bestimmte Händler im West End sie hatten. Wenn ich genügend Zeit hätte, glaubte ich, dass die hübsche kleine Dame Seine Lordschaft überreden würde, ihrer Heirat mit Mr. Sarand zuzustimmen . Aber sie musste Zeit haben, und wenn sie sie nicht bekam, dann könnte eine Zeit anderer Art auf sie warten. Es hätte mir das Herz gebrochen, wenn die hübsche Dolly St. John vom Unglück heimgesucht hätte, und ich habe geschworen, dass das nicht passieren sollte, wenn mein Verstand es verhindern könnte.

Moss brauchte etwa anderthalb Stunden für sein Abendessen, und als er herauskam, stocherte er mit einer großen Stahlspieß in den Zähnen herum und sah so zufrieden aus, als hätte er die Hotelkellner um vier Pence gebracht. Ich sah, dass er zu einem Entschluss gekommen war und dass dieser zufriedenstellend war. In seinen kleinen Augen war ein Funkeln zu sehen, das man nicht verkennen konnte, und er schüttelte den Kopf, während er mit mir sprach, als ob ich ihm alte Kleidung zum doppelten Wert abkaufen würde.

„Britten", fragte er, „seid ihr alle bereit?"

„Ganz bereit, Sir", sagte ich – denn ich hatte gerade mein Messer in einen anderen Reifen gestoßen . „Gehst du zurück nach Sandwich?"

„Ich gehe zu Lord Badington ", sagt er mit schallendem Gelächter, „warum nicht? Ich werde nach Miss Phyllis More fragen und sagen, sie sei eine Ode an die Familie. Ha, ha! Was tun? Denkst du darüber nach, Britten? Bekomme ich die Mode oder nicht? Nun, wir werden sehen, mein Junge – also starte sie und beeil dich."

Ich sagte „Ja, Sir" und ging um das Auto herum. Mein erstaunter Schrei, als ich den geplatzten Reifen sah , hätte Mr. Henry Irving selbst zur Ehre gereicht. Vielleicht habe ich einige Dinge gesagt, die ich nicht hätte sagen sollen – Moss tat es jedenfalls, und er tobte so laut, dass der Stallknecht ihm sagen musste, dass seine Frau und seine Kinder oben waren.

„Schon wieder ein Reifen kaputt – wofür zahle ich dir den Lohn? Sag mir das! Wer zum Teufel wird die Rechnung bezahlen? Verstehst du denn nicht, dass ich heute Abend nach Sadwich muss ? Ein hübscher Damm, der dich zum Narren hält Muss sein. Jetzt bringst du das Auto in zwei Minuten zum Laufen, oder ich lasse dich auf der Straße zurück – also hilf mir, Gott, ich werde –" Und so weiter und so weiter, bis ich vor Lachen hätte fallen können, wo ich stand.

Es war rührend, ihn zu hören, das war mein Wort; aber um Miss Dolly willen hielt ich den Mund und machte mich leise an die Arbeit, um den Deckel abzunehmen und die Röhre auf den Schnitt zu untersuchen, den ich nicht finden wollte. Als ich ihm kurz darauf sagte, dass dies die letzte Röhre sei, die wir hätten, und dass er mir besser zwei Pfund acht geben sollte, damit ich eine neue kaufe, dachte ich, seine Sprache würde die Schiffe aus dem Hafen jagen ; aber er gab mir nie das Geld, und dann wusste ich, dass er die ganze Nacht in Dover bleiben wollte und dass Miss Dolly sowieso bis zum Morgen Zeit hatte. „Und bis dahin", sagte ich mir, „wird sie nach London aufbrechen, wenn sie schlau genug ist, und vielleicht Mr. Sarand am Bahnhof finden, der sie abholt."

Ich habe darüber geschlafen – denn Sie werden verstehen, dass Moss in dieser Nacht nicht wirklich die Absicht hatte, weiterzugehen, nachdem er von den Röhren gehört hatte – und um neun Uhr am nächsten Morgen hatte ich mein Auto fertig und fuhr sie zum „Lord". Aufseher." Die Fahrt nach Sandwich ist im gewöhnlichen Sinne nicht übermäßig aufregend, aber ich fand sie bei dieser besonderen Gelegenheit recht lebhaft, als mir alle möglichen Zweifel und Ängste über Miss Dolly im Kopf herumschwirrten und das sichere und sichere Wissen, dass ich sollte entlassen werden, was auch immer passiert ist. Tatsächlich hätte ich mir zu Recht mehr Sorgen um mich selbst machen können als um die Dame, denn ich habe nie daran gezweifelt, dass sie sich bis zu unserer Ankunft auf den Weg nach London gemacht hätte, und in Thanet gab es keinen enttäuschteren Mann, als wir beim Erreichen des Gasthauses Biggs erzählte mir, dass sie noch im Haus sei. Als ich nachfragte, ob er meinen Brief zugestellt hatte, erhielt ich die überraschende Antwort, dass man ihm keinen Brief gegeben hatte, und als ich ins Haus stürmte, um zu fragen, was daraus geworden sei, lag er einfach auf dem Kaminsims der Bar wo ich es gelassen hatte. Noch nie hat ein Mann einen schlimmeren Schlag erlitten. Da wusste ich, dass Miss Dolly erledigt war, und ich glaubte nicht, dass der Tag vergehen und die Polizei von Lord Badingtons Haustür fernhalten würde.

Ich sollte Ihnen sagen, dass Moss auf der Durchfahrt die Polizeistation in Sandwich angerufen hatte und dass gegen Mittag ein Sergeant und ein Polizist mit Fahrrädern zum Gasthaus kamen. Dass sie mich befragten, hat ihnen sehr geholfen, denn ich schaffte es, so dumm auszusehen wie ein Idiot, wenn man ihn nach dem Weg ins Nirgendwo fragt; und alles, was ich ihnen sagen konnte, war, dass die Dame auf Lord Badingtons Einladung gekommen war , und wenn sie es satt hatte, nahm ich an, dass sie wieder weggehen würde. All das notierten sie in Taschenbüchern, etwa so groß wie eine Familienbibel, und machten sich dann auf den Weg zum Haus, während ich ihnen mit dem Herzen in meinen Stiefeln zusah und mit dem Gefühl, das einen Mann überkommen könnte, wenn das passiert Die Polizei machte sich daran, seine eigene Liebste zu verhaften.

Biggs, ich sollte Ihnen sagen, war bei mir, als das passierte, und er war sehr neugierig, was alles passierte. Natürlich sagte ich ihm, dass Moss sich lächerlich machte und dass es danach eine hübsche Aktion geben würde, wenn er sich Miss Dolly gegenüber nicht anständig benehmen würde. Nichtsdestotrotz war er genauso neugierig wie ich, und sobald die andere Gruppe gegangen war, folgten wir ihnen auf den Fersen und waren fast so schnell wie sie durch die Tore der Lodge. Was Lal Britten betrifft, so raste sein Herz wie das eines Mädchens auf einer Hochzeit. Ich hätte Moss fröhlich niederschlagen und vierzig Bob dafür bezahlen können, dass ich es mit der größten Freude meines Lebens getan hätte. Aber das hätte Miss Dolly nicht geholfen, wissen Sie, also stapfte ich einfach die Auffahrt hinter Moss her hoch und sagte überhaupt nichts zu irgendjemandem.

Segne uns alle – wie der Kerl gelaufen ist. Da stand er mit gesenktem Kopf, hängenden Schultern, schlurfenden Schritten, als trüge er Pantoffeln, und in seinen Augen war das Geldfieber, das für mich eines der schrecklichsten Dinge auf der Welt ist. Sogar die Polizei war ziemlich angewidert von ihm, glaube ich, und der Sergeant sagte mir hinterher, dass er fünfzig Pfund bezahlt hätte, um aus dem Job rauszukommen. Übrigens sagten weder er noch sein Untergebener ein Wort zu Moss, als sie an der Haustür klingelten, und sie schienen es überhaupt nicht wunderbar zu finden, dass Biggs und ich bei ihnen auf der Türschwelle standen. So warteten wir alle zusammen ziemlich lange, bis der alte Butler Hill unbekümmert durch den großen Korridor kam und uns ganz bedächtig öffnete. Und nun, dachte ich – und oh, meine arme Dolly, was auch immer mit dir passieren wird!

„Die Party von Miss More – ist sie gerade in diesem Haus?" fragt Moss, schiebt sich halb hinein und versucht, unverschämt zu wirken. Sie hätten das Gesicht des Butlers sehen sollen, als er ihm antwortete.

„Wer zum Teufel bist du?" Er fragte: „Und was meinst du damit, so hierher zu kommen? Raus, mein Mann, oder ich bringe dich schnell dorthin."

Er packte Moss am Kragen, drehte ihn herum, als wäre er ein Kleinkind, und stieß ihn auf die falsche Seite der Tür, bevor man „Messer" hätte sagen können. Dann wandte er sich an den Sergeant.

„Was ist das alles, Sergeant Joyce?" er hat gefragt. „Warum bringen Sie diese Person hierher?"

„Oh", stammelte der Sergeant, „er sagt, dass eine gewisse Miss More – "

„Ich bitte um Verzeihung", rief der Butler schnell, „ich denke, Sie sollten von Lady Badington sprechen – mein Herr ist heute Morgen um acht Uhr nach Paris abgereist."

"Was!" brüllte Moss – und man hätte ihn im Goodwin Sands hören können – „Lord Badington hat sie geheiratet?"

„Ich glaube, das sind die Fakten", sagt Hill ganz leise – und dann – nun ja, und dann setzte ich mich auf die Türschwelle und lachte, bis mir die Tränen übers Gesicht liefen. Oh Gott! Oh, Herr! – und Moss' Gesicht! Aber Sie werden das alles und das Aussehen des Sergeanten und das Lächeln auf dem Gesicht des Butlers verstehen, ohne dass ich ein einziges Wort darüber sagen muss.

„Nehmen Sie eine Woche im Voraus Bescheid und seien Sie d ——— d zu Ihnen!" rief ich und wandte mich plötzlich meinem Meister zu. „Glaubst du, ich werde an der Seite eines Mannes dienen, der Polizisten hinter seinen besten Kunden hergeschickt hat? Du fährst zur Hölle, Moss – wo du schon vor langer Zeit hättest sein sollen", und mit diesen Worten ging ich einfach die Auffahrt entlang und Biggs mit Mich. Herr, was für einen Nachmittag hatten wir! Und die Nacht danach verbrachten wir in Ramsgate !

Denn sehen Sie, es stimmte ganz genau. Der alte Lord Badington , der eine hübsche Frau nie zweimal ansehen konnte, ohne sich in sie zu verlieben, war mit Mistress Dolly in Sandwich größtenteils allein und, was wahr und wunderbar ist, heiratete er sie.

Sie müssen wissen, dass sie überhaupt nicht Dolly St. John war, sondern in Wirklichkeit Dolly Hamilton; und, wie mir gesagt wird, mit der alten amerikanischen Familie, den Hamiltons von Philadelphia, verbunden. Ich glaube, dass sie das, was sie in London getan hat, aus reiner Begeisterung getan hat. Und wenn die Leute sie eine Abenteurerin genannt haben, dann führen Sie das auf die Schurken der Treuhänder zurück, die ihr Vermögen aufs Spiel setzten und sie in Europa zurückließen, damit sie sich so gut sie konnte bewegen.

Ich habe für diesen Auftrag hundert Pfund bekommen, die Miss Dolly persönlich aus Venedig geschickt hat. Moss bekam sein Auto und drei oder vier kaputte Schläuche zurück. Ich nehme an, eines Tages werden sie ihm diese fünfundsiebzig Pfund, sechzehn Schilling und vier Pence zahlen. Aber ich hoffe, dass das noch nicht der Fall sein wird.

Der Honorary John, so erzählt man mir, sei sehr wütend auf seinen Papa. Aber ich werde jedes Mal einen alten Jungen unterstützen – ungeachtet dessen, was in den Zeitungen steht.

Die Dame, die zusah

Ich frage mich, wie viele sich heutzutage an dieses hübsche Stückchen erinnern, Maisa Hubbard, die früher in Frankreich Rennwagen fuhr und die besondere Vorliebe der Hälfte der Autofahrer hatte, die auf der anderen Seite des blauen Wassers fahren.

Ich traf sie zum ersten Mal im Gordon Bennett von 1901 und ich muss sagen, dass ich sie für „Musterware" hielt. Es ist wahr, dass viele meinen, sie sei in Amerika zu bekannt, und mehr als ein junger Mann geriet wegen ihr ins Wanken; Aber die Welt mag lieber einen kleinen Skandal um eine hübsche Frau, und es gibt keinen kürzeren Weg zur männlichen Gunst .

Wie auch immer, Maisa Hubbard war unten in Bordeaux beliebt genug, und man hätte sie am 26. Juni 1902, als wir von Champigny zum großen Rennen über den Arlberg aufbrachen, noch immer als die Ballkönigin bezeichnen können. Sie werden sich erinnern, dass dies der Anlass war, als zwei unserer kleinen Firma einen Rekord aufstellten, als sie ihre Autos zerschlugen – aber die Geschichte von einem von ihnen, Max, der für eine französische Firma fuhr, wurde schon so oft erzählt dass ich es hier sicherlich nicht noch einmal erzählen werde. Die andere ist eine andere Geschichte, und da es sich um die Geschichte eines guten Mannes, eines guten Autos und einer hübschen Frau handelt, gibt es keinen Grund, warum Lal Britten sich nicht mit der Feder befassen sollte.

Nun, ich fuhr damals für eine englische Firma, die sich Vezey nannte, obwohl Wheezy der bessere Name gewesen wäre. Eine solche Trickkiste wurde meiner Meinung nach noch nie zuvor oder seitdem auf einem Chassis angebracht. Wir brauchten zwei von uns, um morgens den Motor zu starten, und die gleiche Anzahl, um sie davon zu überzeugen, nachts mit dem Feuern aufzuhören. Der Betriebsleiter, Mr. Nathan, dessen Vorname Abraham war, sagte, dass sie mit ihm problemlos achtzig Meilen pro Stunde zurückgelegt habe; Aber das einzige Mal, als ich sie über fünfzig bekam, durchbrach sie durch einen Streit ihr Differenzial, und nichts als ein weiches Plätzchen auf einer Heuwiese rettete mich vor dem Krankenhaus. Das alles war natürlich eine gute Werbung für die Firma – und wenn es wirklich darum ging, in der Welt Aufsehen zu erregen, dann konnte man ihr Auto schon eine gute Viertelmeile entfernt hören.

Dies war der Flieger, den ich mit nach Frankreich nahm und mit dem ich versuchte, auf den schönen Straßen, die wir alle so gut kennen, Fuß zu fassen. Da ich das Rennen fast beendete, bevor ich es begonnen hatte, war es umso besser, je weniger ich über die Angelegenheit sagte – aber ich werde dieses Treffen von Paris nach Wien nie vergessen, und ich werde es nie vergessen, wegen meines Freundes Ferdinand,[1] einem der besten und der Mutigste, der jemals ein Rad gedreht hat, und der richtige Gewinner dieses großen Preises, wenn es nicht die Frau gegeben hätte, die „Nein" gesagt hätte, und zwar so seltsam und mit einer solchen Wirkung, dass ein Zauberer aus den Märchenbüchern es nicht hätte tun können es besser.

Ich mochte Ferdinand, mochte ihn von Anfang an. Eine bessere Gestalt eines Mannes werde ich nie sehen; 1,80 m groß, quadratisch gebaut und wunderbar muskulös. Sein Haar war dunkel und lächerlich gelockt, so sehr, dass die Rede von „Eisen und braunem Papier" unter den Rennfahrern in Paris zum Dauerwitz wurde, die nicht mehr über ihn wussten, als dass er gebürtiger Italiener war und die Hälfte seines Geldes ausgegeben hatte sein Leben in Amerika. Im Übrigen sprach er genauso gut Englisch wie ich, und ich wusste nie, ob Ferdinand sein richtiger Name war oder einer, den er wegen der Rennbahn annahm – und es war mir auch egal.

Man sagt, dass es keine Wolke ohne einen Silberstreif am Horizont gibt – ein schwacher Trost bei einem Gewitter, wenn man zu Hause ist und der nächste Baum fünf Kilometer entfernt ist. Ich erinnere mich, dass es an dem Morgen, als ich den armen Ferdinand traf, ein Gewitter gegeben hatte, und meine Batterien hatten sich geweigert, ein weiteres Volt abzugeben, ungeachtet der klarsten Art der Rede, mit der ich sie ansprechen konnte. Mittendrin, als der Regen am Hals rein und an den Knöcheln wieder rauslief, und ich mich fragte, warum ich kein Diener in gelben Plüschhosen war, was passieren sollte, wenn nicht ein großes rotes Auto herankam am Horizont, wie ein Verrücktes, das auf den Ruf des Blitzes antwortet – und kaum war es eine Meile entfernt, war es sozusagen auch schon bei mir, und ich hörte zum ersten Mal meinem Freund Ferdinand zu.

„ Hallo , und was hat dir in dieser Gegend gefallen?" fragte er mit fröhlicher Stimme. Das habe ich ihm auch deutlich gesagt.

„Diese Spieldose mag den Donner nicht", sagte ich; „Sie ist sauer geworden."

„Halten Sie wegen der Dame hier an oder wollen Sie zurück nach Paris?"

„Oh", sage ich, „ich habe dieses bestimmte Achtelmeer nicht gepachtet, wenn Sie das meinen."

„Dann werde ich dich abschleppen", sagt er, und ohne ein weiteres Wort stieg er von seinem Platz und begann, die Sache in die Hand zu nehmen. Eine halbe Stunde später waren wir in Vendreux und frühstückten dort gemeinsam nach französischer Art. Dieses Essen, sage ich immer, war der glücklichste Freund, den Ferdinand je gegessen hat.

Er erzählte mir viel über sich und sein Auto; wie er in Amerika alles gewesen war, vom Holzfäller im Hinterland bis zum Koch in den Palästen der Fifth Avenue; wie er Herrn Jornek , den Konstrukteur des Modena-Autos, auf einer Reise nach St. John's traf, um Grand River zu erkunden, und wie er nach Europa zurückkam, um damit beim großen Rennen zu fahren. Sein Glück, sagte er, sei wegen einer Frau in New York gewesen; Sich von dieser besonderen Dame zu entfernen, war der Antrieb, der ihn nach Europa führte.

Wie Sie sich vorstellen können, weckte dies etwas meine Neugier, und ich stellte ihm allerlei Fragen über das Mädchen; aber zu keinem guten Zweck. Sein Interesse galt dem Auto, einem der ersten, das vom berühmten Herrn Jornek hergestellt wurde , und nannte es Modena nach der Fabrik in dieser Stadt. Er erzählte mir, dass es anders sei als jedes andere Auto auf dem Markt und dass neue Merkmale des Getriebes, der Zündung und des Motordesigns es mit Sicherheit zum Gewinner machen würden, wenn ihn kein Pech erwischte. Dieses beharrliche Gerede über das Unglück brachte mich zum Nachdenken, und ich begann, ihn etwas ausführlicher über seine Geschichte zu befragen, insbesondere über den Teil davon, der die Frau betraf.

„Wer ist die Dame und wie hat sie Sie gestört?" Ich fragte. Er würde nur sagen, dass er sie in Amerika unter einem halben Dutzend Namen kannte und dass sie früher Tänzerin im alten Casino Theatre in New York war.

„Sie hat alles getan", sagte er: „Sie ist mit Ballons aufgestiegen, ist rittlings in den Maddison Square Gardens geritten, hat mit Buffalo Bill die Cowboy-Show gespielt und ist mit einem Eisboot auf den Großen Seen gesegelt. Wann immer sie auf den Sieg aus ist, bin ich draußen." zu verlieren. Machen Sie daraus, was Sie wollen, es ist die Wahrheit des Evangeliums. So sicher ich auch bin, um einen der großen Preise meines Lebens zu gewinnen, das Mädchen ist da, um mich zu vereiteln. Wenn ich das wäre, was mein Schulmeister einen Fatalisten nannte, Ich würde sagen, sie war die böse Prophetin, die mit den Soldatenjungen in Athen Enten und Erpel spielte. Aber ich glaube nichts dergleichen – ich sage, es ist reines Pech, und diese Frau steht für die Figur von Es."

Ich war beunruhigt, ihn zu hören, und stellte noch viele weitere Fragen. Wie hat das Mädchen ihn ausgebremst? War es nur eine Idee, oder hatte er etwas Besseres, auf das er zurückgreifen konnte? Er wusste nicht, was er sagen sollte; Ich konnte sehen, dass es ihn sehr beunruhigte, darüber zu sprechen.

„Sie setzt mir in den Kopf, dass ich verlieren werde, und ich verliere", sagte er; „Es war schon immer das Gleiche und wird auch immer so bleiben. Als ich dieses großartige Springpferd, Desmond, ritt und ihn über die Zäune brachte, war sie mit einem Bronco in der Arena und blickte einfach so süß zu mir auf wie ein Kind." und sagte: „ Ferdy , dein Pferd wird das nächste Mal stürzen", und tatsächlich tat er es und legte mich mehr als einen Monat lang auf mein Bett. Danach ritt ich das Radrennen gegen den Franzosen Devereux Und da war sie, gekleidet wie ein Bild in der Menge und lächelnd wie ein Engel in den spanischen Kirchen. Als ich ihr zunickte, rief sie mich einen Moment zurück und legte einfach ihr hübsches Wort ein.

„ Ferdy ", sagte sie, „dieser Franzose kann nicht geradeaus fahren; er wird dich treffen, Ferdy ." Glauben Sie es? In der letzten Kurve haben wir zusammen geschossen, und ich wurde so heftig geschleudert, dass ich ihn nicht schlagen konnte, obwohl er seine Maschine hineinführte ."

Er meinte es ernst genug, und ich muss sagen, dass sein Vortrag mir einige seltsame Ideen in den Sinn brachte. Ich selbst habe nie besonders an Glück geglaubt und bin der Meinung, dass wir es selbst schaffen oder zerstören und dass das, was manche Unglück nennen, nichts anderes als Fehlverhalten ist; Aber hier war eine Geschichte, die einen Mann zum Nachdenken anregt, und ich denke, ich habe es getan, während er sein Frühstück aß und fast so liebevoll von seinem Auto sprach, wie ein Mann von dem neuen Mädchen spricht , das er gestern zum ersten Mal getroffen hat. Gerade als wir das Hotel verließen und er wieder ein wenig zu seiner traurigen Art zurückkehrte, gab ich mein Wort und merkte, dass er es gut aufgenommen hatte.

„Alles gesagt und getan", sagte ich, „zwischen Ihnen und der Dame liegt im Moment nur eine kleine Sache von dreitausend Meilen. Was auch immer dort drüben passiert sein mag, es ist unwahrscheinlich, dass es in La Belle France passieren wird, schauen Sie es sich an, wie Sie wollen." . Du solltest nicht weiter darüber nachdenken, Ferdinand. Du sollst dieses große Rennen gewinnen, und du wirst es sicherlich gewinnen, wenn ich Richter bin. Warum dann überhaupt an eine Frau denken?"

„Weil", antwortete er, und er war im Moment so ernst wie ein Richter, „weil ich muss; ich habe an sie gedacht, seit ich dich abgeholt habe. Es ist seltsam, Britten, aber ich glaube, dass du es bist." wird mir Glück bringen, und das ist so wahr wie das Evangelium."

„Und es wird wahr sein", sagte ich, „wenn gute Wünsche es schaffen, mein Junge. Lass uns die Autos holen. Meine Trickkiste wird eingeschmolzen sein, wenn ich sie noch länger in der Sonne lasse. Lass uns zurückgehen." nach Paris und etwas Spaß haben; ich bin sicher, das ist es, was du willst.

Er hatte keine Einwände; Nachdem der Sturm vorüber war und sich meine Spule wieder normal verhielt, nachdem die Kontakte von der Feuchtigkeit befreit waren, joggten wir zusammen mit vielen, die von ihrem morgendlichen Training zurückkamen, und nur ein paar Amateuren, die sich den Spaß anschauten, die Straße nach Paris entlang . Ich schätze, wir hatten eine Meile zurückgelegt, als wir ein Mädchen trafen, das eines der De-Dion-Motordreiräder fuhr, und kaum hatte ich sie gesehen, als sie mit einem Blitz und einem Nicken vorbeifuhr. und ich kannte sie als die kleine Maisa Hubbard, von der die Stadt seit drei Tagen sprach. Dann fuhr ich mit meinem Auto neben Ferdinands Auto, nur um eine Bemerkung darüber zu machen – aber glauben Sie mir? – er war so bleich wie ein Laken, und seine Augen starrten ins Leere, als stünde ihm ein Geist im Weg, und er wusste nicht, wie er damit klarkommen sollte.

„Warum", rief ich, „und was ist jetzt los?"

Mit Mühe kam er wieder zu sich, schloss seine Hand um das Lenkrad und antwortete mir dann:

„Das ist das Mädchen, richtig", sagte er; „Du hast sie selbst gesehen."

„Oh, schau mal, das kann ich nicht ertragen. Kennst du nicht Maisa Hubbard, die letzten Herbst den großen Panhard gefahren ist?"

„Ich kenne Maisa Hubbard, die früher im Casino Theatre in New York getanzt hat, und sie ist genauso. Habe ich dir nicht gesagt, dass sie mir nach Frankreich folgen würde?"

„Du hast mir eine Menge Dinge erzählt", erwiderte ich; „Vielleicht hast du einige davon geträumt."

„Vielleicht habe ich das", antwortete er, und dann tat es mir leid, dass ich gesprochen hatte, denn sein Gesicht war so traurig wie das einer traurigen Frau und genauso mitleiderregend.

„Du willst aufmuntern, mein Junge", sagte ich; „Warte, bis wir wieder in Paris sind, dann nehme ich dich selbst in die Hand. Es ist Übertreibung, die es geschafft hat; ich kenne so etwas und kann verstehen, was du fühlst; aber du wartest ein bisschen, und dann werden wir sehen. Hast du nicht gesagt, dass ich dir Glück bringen würde?"

„Das habe ich getan, aber nicht, während Maisa Hubbard in Frankreich ist. Es gibt keinen geborenen Mann, der das schaffen könnte."

Ich muss sagen, er war darüber genug deprimiert, und ein melancholischerer Fahrer steuerte nie ein Auto nach Champigny – dem Ort, von dem aus das große Rennen starten sollte und unser vorläufiges Ziel. Nachdem wir die nötigen Feineinstellungen vorgenommen und uns gereinigt hatten, nahm ich Ferdinand mit zurück nach Paris und gab ihm ein kleines Abendessen in einem kleinen Restaurant in der Nähe des Faubourg St.-Honoré.

Als wir für drei und sechs Pence im Wert von fünf Schilling gegessen und pro Person eine gute Flasche sauren Rotwein getrunken hatten, führte ich ihn zu „Olympia", und dort sahen wir die berühmte Show, die sie „Der Mann im Mond" nannten ." Das munterte ihn überhaupt nicht auf und einmal am Abend erzählte er mir, dass er glaubte, bald selbst auf dem Mond zu sein, oder irgendwo anders, wo es einen Job für geschädigte Rennfahrer gibt. Das brachte mich dazu, ihn auszulachen, aber Lachen nützte nichts, und ich hatte mir überlegt, ihn zum Abendessen in ein kleines Lokal auf den Boulevards mitzunehmen, das ich kannte, als plötzlich Maisa Hubbard auf dem Boulevard auftauchte Wir gingen an der Promenade vorbei, wo wir standen, und kamen sofort mit einem Lächeln auf ihn zu, das einen Heiligen aus einem Bild zaubern könnte, um ihr „Guten Abend" zu sagen.

„Warum, es ist Ferdy !" schrie sie, „und er versucht, mir den Rücken zu kehren. Oh, mein lieber Junge, wofür siehst du so aus?"

Er schüttelte ihr recht höflich die Hand und entschuldigte sich mit der Show und dass er sich dabei nicht besonders lustig vorkam. Sie hatte ein anderes Mädchen bei sich und ihren Bruder, Jerome Hubbard, den „Peitsche", der früher mit Mr. Fownes fuhr. Als ich vorgestellt wurde, lud sie mich ein, an einem Ort zum Abendessen zu kommen, von dem ich noch nie gehört hatte, und erklärte, dass ihr Bruder einen Anfall bekommen würde, wenn wir nicht sofort einen Teil seiner Ersparnisse auszahlen würden. Das kleine Mädchen, das bei ihr war (ich werde ihren Namen nicht aufschreiben), war ein lebhafter Kerl, und ich war bereit zu gehen, und sei es nur, um „ Ferdy " aufzuheitern, der freilich ein anderer geworden war Er war bereits ein Mann und redete und lachte mit Maisa, als wären sie seit zwölf Monaten oder länger „Cousinen" ersten Grades. Am Ende aßen wir Mr. Jeromes Abendessen und gingen um zwei Uhr morgens zurück in unsere kleinen Betten: keine allzu gute Vorbereitung auf ein großartiges Rennen, wie jeder Fahrer zugeben wird; aber mein Freund schien wieder er selbst zu sein, und ich hätte ein halbes Dutzend Abendessen gegessen, um das herbeizuführen.

Girardot um Punkt halb drei mit seinem CGV davonfuhr und zwei Minuten später Fournier folgte seine Mors. Seitdem habe ich an vielen großen Rennen teilgenommen, aber nie hat mich mehr begeistert als dieser berühmte Lauf von Paris nach Wien, der mehr als einem englischen Haus das Vermögen einbrachte und den Gordon Bennett Cup nach England holte Das erste Mal in der Motorgeschichte.

Ich war fest davon überzeugt, dass mein Freund Ferdinand das Rennen gewinnen würde, und die Vorahnung geht in dieser Welt weiter, als viele Leute denken. So einen schneidigen, mutigen Fahrer habe ich noch nie gesehen. Sein Auto war ein Wunder. Ich habe vor dem Rennen mehrere Fahrten mit ihm unternommen, und ich glaube, dass wir mit ihr 80 oder 90

Meilen pro Stunde zurückgelegt haben – für die damalige Zeit ein Wunder, an das in diesem Jahr 1909 allerdings nicht so viel gedacht wurde. Darüber hinaus schien er es zu schaffen Ich habe alles über diesen kleinen Teufel von Maisa Hubbard und ihre Prophezeiungen vergessen, und als wir am Morgen des Starts zusammen frühstückten , hätte ich gesagt, dass er bereit sei, um sein Leben zu rennen.

Und was war das für ein Anfang, ungeachtet der Stunde! Was für ein Dröhnen und Heulen der Motoren, was für ein Auto, das hier und da rast, Gendarmen überall, Männer mit Silber auf dem Kopf und Silber auf den Zehen; plappernde Beamte, die einem sagen, man solle zwanzig Dinge auf einmal tun, und sich streiten, weil man sie getan hat. Das Gehege selbst war wie der Fleischmarkt in Smithfield an einem geschäftigen Morgen. Ich habe noch nie zuvor an einem Ort so viel Lärm gehört; Und wenn im friedlichen Dorf Champigny ein Mann, eine Frau oder ein Kind darin verschlafen hat, dann sollte er, sie oder es in ein Museum gehen.

Natürlich war das alles schon aufregend genug, und ich bekam etwas von dem Fieber, als zwanzig Soldaten meine alte Rasselfalle auf die Fahrbahn stießen und ein sehr feiner Herr das Zeichen „Los" gab. Auf mein Wort, ich glaube, es gab nur einen Moment, in dem ich dachte, ich könnte vor den anderen nach Wien kommen; und indem ich vorsichtig die Kupplung einrückte und Billy, meinem Mechaniker, sagte, er solle schnell fahren, hatte ich bald den dritten Gang eingelegt und raste so schnell, wie es die schlechte Straße zuließ, in Richtung Provins . Das war freilich ein holpriges Stück, und wenn ich sie auf die „vierte" gesetzt hätte, hätte jemand die Scherben schnell zusammenfegen müssen. Aber ich hielt sie ruhig, obwohl die tollen Waggons anfingen, wie dröhnende Lokomotiven auf einem Gefälle vorbeizufahren, und sie machte sich wirklich sehr gut, als der abseits liegende Vorderreifen einen Luftwechsel verlangte, und wir wussten, dass es Nr. 1 war , soweit es die Reifenpannen betraf.

Nun, das war zwanzig Meilen von Provins entfernt , auf einem langen und verlassenen Abschnitt einer schlechten Straße, mit einer Fernsicht auf die Hügel und ein paar verschlafenen Bauern draußen im Heu. Wir hatten Glück mit unserer Auslosung und starteten früh in der Liste, und Sie können sich meine Überraschung vorstellen, als ein Auto in Sichtweite kam und ich Ferdinand erkannte , der fast als Letzter ausstieg und an dem viele Autos vorbeigefahren sein mussten Überholen Sie uns wie er. Mein Wort, und er fuhr auch! Der Anblick seiner gewaltigen Maschine machte einem Angst, sie sprang dabei über die Unebenheiten und drohte jeden Moment, steil von der Straße in die Heuwiese auf der anderen Seite des Deichs geschleudert zu werden. Aber da war ein Meister am Steuer, und mit einer fröhlichen Handbewegung zu uns ging Ferdinand vorbei und verlor sich sofort in einer mächtigen Staubwolke, die deutlich über den Pappeln aufstieg.

Ich muss Ihnen kaum sagen, wie froh ich war, dass es ihm so gut ging, und wie ich über all seine dummen Ideen über Maisa Hubbard gelacht habe. Ich hatte das Gefühl, er würde gewinnen, obwohl alle Damen des Casino-Balletts herauskamen, um ihm zu sagen, dass er es nicht tun sollte; und als sich der alte Dobbin, mein persönlicher Auserwählter, zu einem erneuten Umzug entschloss, machte ich mich auf den Weg nach Belfort, nicht mehr in der Illusion, dass ich nur noch hundert Meilen vom Sieger entfernt sein würde, sondern in der Hoffnung, dass ich noch rechtzeitig in Wien ankommen würde „ Ferdy " die Hand zu schütteln und ihm zu sagen, was für ein Idiot er gewesen sei.

Wenn ich das nicht in Belfort gesagt habe, wo Herr Jornek , der Konstrukteur des Autos, zwischen uns stand und Ferdy für den Abend mitnahm, um mit ihm zu reden, dann wurde es in Brigenz gut genug gesagt . Dort wurde ein zweiter Halt gemacht; und obwohl wir zu früher Stunde eintrafen, hatte ich genügend Zeit, ihm die Idee des Gewinnens in den Kopf zu setzen und daraus die Idee von Maisa Hubbard zu lösen. Alle Welt weiß, dass wir für dieses große Rennen durch Frankreich, die Schweiz, Deutschland und Österreich fahren mussten, und der Schweizer Teil war langsam genug, da die schüchternen alten Herren in der Hauptstadt keine Rennen erlaubten. Wenn es ein Land in Europa gibt, aus dem Autofahrer auf keinen Fall die Finger lassen sollten, dann ist es die Schweiz. Wir rollten auf dieser speziellen Reise einfach durch den Ort, und in Brigenz stand mein Freund Ferdinand ganz oben auf der Liste, niemand außer De Knyff , Jarrott und den Farmans lagen vor ihm. Ich sagte ihm, dass er mit Sicherheit als Sieger hervorgehen würde, wenn er den Arlberg so überqueren würde, wie sein Auto es sollte. Und das war der Punkt, an dem wir festhielten, bis es Zeit war, uns in unsere kleinen Betten zu legen und vom morgigen Tag zu träumen.

„Ich habe gehört, dass der Teufel selbst Angst haben könnte, bei jeder Geschwindigkeit über diesen Pass zu fahren", sagte ich, „und da ist deine Chance, Ferdy . Du sagst, es liegt an dir, dieses Rennen zu gewinnen. Nun, du gibst deine Chance." Denken Sie daran und scheuen Sie sich nicht vor den Risiken, dann sind Sie bereits so gut wie ein Gewinner. Es gibt kein einziges Auto in der Gruppe, das Sie auf den Bergen halten kann, und das wissen Sie."

„Du hast recht", sagte er, „und ich wünschte, ich könnte dir dasselbe sagen. Aber Lal, mein Junge, es ist nicht gerade ein Schlachtross, das du unter dir hast, und das kann ich nicht." Sagen Sie es. Ich habe keine Angst vor den Bergen und kann mir genauso gut das Genick brechen wie die meisten; denken Sie nicht anders. Wenn ich Glück habe, hat Lal Britten es in Ordnung gebracht, und ich werde ihn nicht vergessen, wenn die Es werden Schekel ausgezahlt. Du denkst vielleicht, dass ich etwas dämlich bin, aber ich muss sagen, dass ich mich noch nie so sicher in Bezug auf mich selbst oder das Auto gefühlt habe wie heute Abend, und wenn Selbstvertrauen und ein guter Motor nicht auf der ganzen Welt siegen Arlberg, dann geben wir es auf, Lal, und greifen zu Kinderwagen."

„Ich meine damit keine Anspielung auf die Dame", sagte ich; aber sein Gesicht verfinsterte sich, und ich wünschte, ich hätte nichts gesagt.

„Sie ist in Paris, und Gott sei Dank dafür", rief er und stand auf, um zu Bett zu gehen; „Wenn sie heute Abend hier in Brigenz wäre, würde ich keinen Sixpence für meine Chancen geben, und das ist die ganze Wahrheit. Jetzt gehen wir mal kurz vorbei; wenn nicht, werde ich von ihr träumen, und Träume werden keine Lorbeerkränze gewinnen, wie selbst Sie zugeben werden.

Ich ließ ihn los und folgte ihm etwa zehn Minuten später in mein eigenes Zimmer. Ich nehme an, es war nur Schimpflust, die mich zurückgehalten hat, denn als ich den Korridor im ersten Stock unseres Hotels überquerte , hörte ich eine Frau mit einem Lachen, das einem Funken über die Lippen schlug; Als er sich umdrehte, stand Maisa Hubbard selbst in einem feinen Pariser Kleid und einem großen Strohhut mit einer rosafarbenen Feder darin, die groß genug war, um den Schah zu schmücken. Sie nickte mir nur freundlich zu und ging dann die Treppe hinunter, während ich in mein Schlafzimmer ging und mich fragte, was Ferdy gesagt hätte, wenn er sie gesehen hätte, und welches echte Pech sie in solch einer Zeit nach Brigenz gebracht hatte.

Natürlich war sie mit der Bahn angereist. Viele Leute taten es, um das Rennen zu verfolgen; Und hier war sie mit einer fröhlichen Gesellschaft, genauso schlicht und arglos wie eine Hirtin im Vic und nicht älter als ein Schulmädchen. Als ich am nächsten Morgen um vier Uhr aufstand, war ich voller Neugier, ob Ferdy sie gesehen hatte. Aber er war draußen an seinem Wagen in der „Kontrolle", einigermaßen fröhlich, soweit es ihn selbst betraf, aber große Angst um seinen Mechaniker Down, der sich beim Versuch, den Motor zu starten, den Arm gebrochen hatte und zu dem man ihn bereits gebracht hatte das Krankenhaus. Eine Minute später hörte ich, dass unser alter Keuchapparat überhaupt nicht ansprang, und da war es, als hätte es eine besondere Vorsehung angeordnet.

„Du kannst deinen eigenen Char-à-banc nicht bewegen – die Kurbelwelle ist kaputt", sagte Ferdinand zu mir, als er mich zum zehnten Mal aufforderte, mich neben ihn zu stellen; „Ich habe niemanden, und ich werde dieses Rennen gewinnen. Wenn du eine neue Kurbelwelle aus dem Nichts zaubern könntest, wärst du immer noch drei hinter dem Letzten und die ganze Stadt würde dich auslachen." Steh auf, Lal, und mach Schluss. Ich sage dir, ich wusste es von Anfang an."

Nun, ich starrte auf Folgendes: Und ich hatte nur ein Wort mit meinem Mechaniker Billy und war mir ziemlich sicher, dass die Vezey , so gut sie auch darin war, mich zurückzudrängen, an diesem Tag oder in den kommenden Tagen nicht weitermachen würde, ich hinterließ Anweisungen für den Versand von Telegrammen nach England und stand ohne weiteres neben Ferdinand.

Ich habe Ihnen gesagt, dass er bereits ganz oben auf der Liste stand, und Sie werden verstehen, dass wir nicht lange auf das Wort „Los!" warten mussten. Bevor dies jedoch geschehen konnte und während das Auto noch unter der „Kontrolle" stand, sollte wer außer Maisa Hubbard selbst auf uns zukommen; Und, können Sie es glauben, ich spürte, wie mein ganzes Vertrauen, sowohl in den Menschen als auch in das Auto, aus meinen Fingerspitzen sickerte, genau wie Wasser, das aus einem Wasserhahn läuft. Wie oder warum das hätte sein sollen, kann ich nicht sagen; Aber es gab die Tatsache, dass diese hübsche Frau allein durch einen Blick aus ihren schlauen Augen diesen Zauber auf mich ausüben konnte und meinem Freund Ferdinand Schlimmeres antun konnte, wie ich deutlich erkannte. Was diesen armen Kerl angeht, er wurde sofort weiß wie ein Geist, als er sie sah, und ich dachte wirklich, er würde das Auto überhaupt nicht starten können.

„Oh mein lieber Junge, ich habe überall nach dir gesucht", rief sie und bot ihm einen kleinen Strauß roter Rosen an, als ob sie ihn sehr liebte. „Nun, hältst du das nicht für Glück? Ich bin mir sicher, dass du heute Glück haben willst, Ferdy . Weißt du, ich habe letzte Nacht von dir geträumt?"

Er sagte „Ja" und legte die Blumen auf den Sitz neben sich. Ich konnte sehen, wie er sich die Lippen leckte, als wäre sein Mund trocken, und plötzlich stellte er ihr eine Frage.

„Was hast du geträumt, Maisa?"

Sie schüttelte den Kopf und begann den Schauspielstil.

„Oh, ich glaube, ich würde es dir sowieso nicht sagen."

„Aber ich möchte es wissen, Maisa?"

„Es war natürlich nur ein Traum – sind sie nicht manchmal real, Ferdy ? Ich habe gesehen, wie du mit deinem Auto über den Berghang gefahren bist, so deutlich wie nie zuvor in meinem Leben."

Er lachte leise und sah mich mit einem Blick an, den ich nie vergessen werde.

„Du bist ein wahres Wunder im Träumen, Maisa. Angenommen, ich enttäusche dich dieses Mal?"

„Sei nicht dumm, Ferdy – du hättest mich nicht bitten sollen, es dir zu sagen. Du bist zu schlau, um so ein Dummkopf zu sein, und das weißt du. Auf Wiedersehen und viel Glück. Wir sehen uns Wien."

Er nickte nur mit dem Kopf und ließ seine Kupplung mit einem solchen Knall los, dass er mich fast über das Armaturenbrett geschleudert hätte. Ich konnte sehen, dass er bei den Worten der Frau die Nerven verloren hatte, und wenn Wünsche es ihr hätten vergelten können, hätte sie etwas für ihre Schmerzen bekommen, das versichere ich Ihnen. So wie es war, konnte ich nichts anderes tun, als so zu tun, als würde ich darüber lachen, und das tat ich, so gut ich konnte.

„Träume unterliegen Gegensätzen", sagte ich; „Jedes Kind weiß das."

„Sie hat es überhaupt nicht geträumt", war seine Antwort; „Sie hat es aus Trotz gesagt."

„Warum sollte sie boshaft sein--?"

„Fragen Sie den Mann und seinen Herrn. Sie ist auf der Suche nach einem anderen Auto, um zu gewinnen, und wird meine Chancen verderben, wenn sie kann."

„Dann wäre es noch dümmer für dich, ihr zuzuhören. Nimm dir vor, es zu vergessen. Du schaffst es, wenn du es versuchst."

„Ah", sagte er, und auf mein Wort, er tat mir leid, „dieses Mädchen wird mein Ruin sein, Lal, so sicher wir in diesem Auto sitzen."

„Du sprichst wie ein Feigling, Ferdy – hast du nicht gesagt, dass ich dir Glück gebracht habe –"

„Und du wirst – ich werde versuchen zu glauben, Lal – ich habe es von Anfang an gedacht. Wenn sie nicht wäre –"

„Oh, sei verdammt zu ihr", sagte ich; und das meinte ich wirklich.

Wir waren an der Startlinie, als diese Worte gesprochen wurden, und zwei Minuten später bekamen wir den Startschuss, und der große Modena-Wagen raste davon wie ein riesiger Vogel auf der Tragfläche. Dies war die entscheidende Etappe dieses berühmten Rennens, bei der wir den Arlberg hinauf und nach Innsbruck hinunterfahren mussten. Es war der Tag, an dem Edge der stolze Gewinner des Gordon Bennett Cups wurde, und der Morgen, an dem Jarrott seine Schlafzimmermöbel zerlegte, um den Rahmen seines 70 PS starken Panhard zu versteifen. Unser Auto war nicht gegen den Gordon Bennett angetreten, und unser Rennen endete nicht in Innsbruck, sondern im fernen Wien – das heißt, wenn wir den schrecklichen Arlberg sicher überquerten und auf der anderen Seite mit dem Kopf auf den Schultern wieder herunterkamen. Dies hing von meinem Freund Ferdinand ab, dem großartigsten Fahrer, der je an einem gewöhnlichen Tag gelebt hat, aber an diesem Morgen ein verrückter Teufel, falls es jemals einen gab.

Oh! man konnte es von Anfang an sehen. Die Worte dieser Frau waren bis in seine Seele eingedrungen, und er leugnete nicht, dass er glaubte, seine Stunde sei gekommen. Wir waren früh unterwegs und die beiden großen Autos vor uns haben wir fast in der ersten Stunde eingeholt. Als wir den Berg erreichten, begannen wir zu klettern, als ob ein magischer Wind uns anheben würde. So großartig die Szene auch war, mit den mächtigen Bergen, die über uns aufragten und dem Tal voller Wunder, das sich unter uns ausbreitete, hatte ich nur Augen für die kurvenreiche Straße, noch dachte ich an ein anderes Ziel als das ferne Innsbruck, wo die Gefahr vorbeigehen würde . Manchmal wünschte ich mir, Ferdinand würde mit mir den Platz tauschen und mich fahren lassen. Keine Frau, die jemals geboren wurde, würde mir Angst machen, dachte ich, und doch war ich mir nicht einmal darüber sicher. Die Worte, die in der „Kontrolle" gesprochen wurden, hallten in meinem Kopf wider. „Wir gingen über den Berghang." Guter Gott, wenn es wahr wäre!

Der Aufstieg auf den Arlberg ist eine wunderbare Sache, aber ich möchte Sie darauf hinweisen, dass der Abstieg auf der anderen Seite ein Kinderspiel ist. Stellen Sie sich eine Reihe furchterregender Zickzacklinien mit einer steilen Felswand auf der einen Seite und einem ebenso steilen Abgrund auf der anderen Seite vor, der so offen und ungeschützt ist, dass einige dieser Rassen beim bloßen Anblick davon vor Schrecken fast den Wahnsinn getrieben haben. Zum Glück saß ich auf der linken Seite des Wagens und konnte kaum sehen, was vor sich ging; aber ich wusste, dass unser abseits gelegenes Vorderrad beim Aufstieg mehr als einmal nur fünf Zentimeter von der Kante entfernt war; und als wir den Gipfel überquerten und mit dem Abstieg begannen , hätte ich schwören können, dass selbst Ferdinand selbst jede Hoffnung auf einen sicheren Abstieg verloren hatte.

Ich erinnere mich, dass er einmal einen lauten Schrei ausstieß und das Auto mit einer solchen Drehung nach innen schoss, dass unsere Räder den Felsen selbst berührten; Es gab Momente, in denen er ganz stehen blieb und sich mit der Hand über die Augen fuhr, als könnte er nicht klar sehen. Hier und dort kam es mir vor, als würde er wie ein Verrückter fahren, um eine furchteinflößende Kurve rasen, während unsere Räder über den Abgrund ragten, oder eine Gerade hinuntersausen, als könne ihn am Ende nichts mehr retten. Wenn ich darauf schrie und ihn anflehte, kein Narr zu sein, antwortete er: „Was sein sollte, würde sein"; und dann erwähnte er Maisas Namen, und ich wusste, dass er ihn nicht vergessen hatte.

Nun, wie viele wissen, kam das Ende dieser großen Felskuppel, die für alle Welt wie die St. Paul's Cathedral aussieht. Ich gestehe, dass ich hier nicht klüger hätte sein dürfen als Ferdinand. Wir schienen einer sanften Kurve um die Kuppel zu folgen, mit dem Felsen zu unserer Linken und dem Tal dreitausend Fuß tiefer zu unserer Rechten. Über die Gefahrenfalle gab es nichts zu sagen; Und da Ferdinand glaubte, er hätte eine freie Straße, gab er Gas, und wir schossen vorwärts wie eine Granate aus einer Kanone. Weniger als eine Sekunde später hatte ich einen wilden Sprung von meinem Sitz gemacht – und Ferdinand war ohne einen Schrei oder ein Geräusch kopfüber ins Tal gestürzt.

Ich nehme an, dass fünf gute Minuten vergangen sein müssen, bevor ich überhaupt etwas wusste, weder über die Natur dieses schrecklichen Unfalls noch über das Glück, das meinen Sprung begleitete. Als ich dort auf dem Rücken lag, wurde mir plötzlich bewusst, dass ich mich in einem dichten Ginstergestrüpp befand, das hier die Straße säumte. Es hatte mich gefangen, so wie ein Spinnennetz eine Fliege fängt. Das stimmt, ich hatte unerträgliche Schmerzen – mein ganzer Körper schien taub zu sein, als hätte man ihn mit Eisen geschlagen, und meine Lederkleidung war in Fetzen gerissen. Aber nach und nach wurde mir klar, dass ich aufstehen könnte, wenn ich wollte, und als ich unter mich blickte und den steilen Abgrund sah und dass nichts als ein Busch zwischen mir und ihm stand, da war ich sicher kletterte schneller auf die Straße zurück, als ein Mann zwei zählt. Und da lag ich und versuchte mich daran zu erinnern, was passiert war und was meine Pflicht von mir verlangte.

Ferdy und das Auto! Guter Gott, was war mit ihnen passiert? Der Schweiß strömte von mir ab wie Regen, als die Wahrheit zurückkam. Ferdy war da drüben, unten an diesem schrecklichen Abgrund. Mit allen Gliedern zitternd schleppte ich mich an den Rand und blickte hinüber. Ja, ich konnte das Auto weit unten im Tal sehen, das wie ein kleines Spielzeugding aussah. Es legte Räder nach oben, in etwas, das wie ein kleiner Bach oder Fluss aussah; aber von meinem Kameraden nirgends ein Zeichen. Vergebens rief ich immer wieder seinen Namen. Die Autos fingen an, an mir vorbeizufahren, und durch meine Anwesenheit gewarnt, nahmen sie sicher diese schreckliche Kurve; Aber keiner ihrer Fahrer ahnte, dass ein guter Kerl übergefahren war und dass ich deswegen halb verrückt war. Mit einem Nicken und einem Schrei gingen sie davon und ließen die kalte Stille der Berge hinter sich und Lal Britten, die wie eine Frau weinte, weil sie nicht blieben. Am Ende hörte ich überhaupt auf, an sie zu denken, und als ich wieder an den Rand ging, rief ich „Ferdinand", bis die Hügel klingelten.

Er antwortete mir – da ich ein lebender Mann bin –, antwortete mir endlich Ferdinand. Zuerst konnte ich so wenig an die Wahrheit dessen glauben, was ich hörte, dass ich fast glaubte, die Berge würden mich verspotten und meine Stimme als Echo zurückschicken. Dann wurde mir klar, dass dem überhaupt nicht so war, sondern dass mein Freund mich wirklich von einer Stelle dreißig oder vierzig Meter weiter unten an der Straße rief, wo das Gestrüpp dichter war. Es war die Stelle, an der unser Tank und unser Werkzeugkasten zerschmettert auf den Felsen lagen, als das Auto ausscherte und überschlug. Diese habe ich im Moment kaum bemerkt; Aber als ich zur Stelle stürmte, warf ich mich flach auf mein Gesicht und blieb direkt über dem Abgrund hängen, um meinem Kameraden zu antworten. Und dann wusste ich augenblicklich, was passiert war – dann verstand ich.

Das Auto, sage ich, sei nach rechts abgebogen, als sie den Abgrund nahm. Die enorme Kraft schleuderte nicht nur alle unsere losen Impedimenta die Straße hinunter, die nach links abbog, sondern schleuderte Ferdinand auch zur Seite. und obwohl er hinübergegangen war, stürzte er, wie die Zeitungen berichteten, genau an der Stelle, an der sich die steile Wand wölbte; und hier wartete er, verzweifelt an die Büsche geklammert, darauf, dass ich ihn rettete. Eine solche Folter habe ich noch nie erlebt und werde sie noch nie erleben. Der Anblick meines Freundes, der keine zehn Fuß von mir entfernt war, der Abgrund, der mir den Abstieg verbot, denn oben war er ziemlich steil; sein weißes Gesicht, sein verzweifelter Griff nach den schäbigen Büschen – oh, Sie können sich die Wahrheit nicht so vorstellen oder darüber nachdenken, wie ich es an diesem schrecklichen Morgen tun musste.

„Wie lange kannst du durchhalten?" fragte ich ihn und biss die Zähne zusammen, als ich gesprochen hatte.

„Vielleicht eine Minute, vielleicht zwei. Wenn du ein Seil besorgen könntest, Lal –"

„Ich werde ein Auto anhalten", sagte ich – etwas Verrückteres wurde nie gesagt, aber ich musste etwas sagen – „Ich werde ein Auto anhalten und sie bitten, mir zu helfen. Vielleicht reicht mein Hemd aus, Ferdy ."

„Auf Wiedersehen, wenn nicht", sagte er ganz leise; und da wusste ich, dass er auf den Tod vorbereitet war und ihn erwartet hatte; aber ich war schon damit beschäftigt, mein Hemd mit zuckenden Fingern zu zerreißen, als er wieder sprach.

„Schade, dass wir nicht das Seil haben, mit dem ich dich neulich abgeschleppt habe", sagte er plötzlich; Da fuhr ich zusammen, als ob er mich geschlagen hätte.

„Das Seil – wo hast du es getragen?"

„Es war im Werkzeugkasten", antwortete er, immer noch ganz ruhig.

Ich glaube, ich habe daraufhin geschrien – ich weiß, dass ich eine Minute später wie eine Frau geweint habe. Der Werkzeugkasten! Es lag da, am Felsen, direkt vor meiner Nase, dieser verdammte Idiot! Und genau das Seil, das unsere Freundschaft zustande gebracht hatte: War es Zufall oder Schicksal, das es in meine Hände legte, und tat Ferdinand richtig oder falsch, als er sagte, ich hätte ihm Glück gebracht?

Ich werde diese Fragen nicht beantworten, denn keine zwei Minuten später saß er neben mir und wir umarmten uns wie Brüder.

***

Maisa Hubbards Freundin kam nicht als Erste nach Wien, und ich war sehr erfreut darüber. Ob Ferdy sich nur eingebildet hat, dass sie einen bösen Einfluss auf ihn hat, oder ob es wahr ist, dass manche Frauen das Schicksal der Männer bestimmen, kann ich nicht sagen. Die Geschichte ist da, um für sich selbst zu sprechen.

Und Maisa, darf ich hinzufügen, ist in den Half-Penny-Zeitungen. Erinnern Sie sich an den berühmten Fall von Lord – aber vielleicht steht es mir nicht zu, darüber zu sprechen?

[1] Die Namen des Fahrers, Ferdinand, und des Autos, des Modena, wurden vom Herausgeber durch die Namen in Mr. Brittens eigener Erzählung ersetzt. Die Gründe dafür werden dem Leser klar sein.

DER KORB IN DER GRENZSTRASSE

Die Ärzte werden Ihnen manchmal sagen, dass Autofahren gut für die Nerven ist; Und da so viele von ihnen jetzt Autos kaufen und es keinen Mann gibt, der sich besser um sein eigenes Fleisch und Blut kümmert, als ein Arzt, nehme ich an, dass sie meinen, was sie sagen. Trotzdem wünschte ich, ich hätte an dem Abend, als ich Mabel Bellamy abgeholt habe, einen Arzt bei mir gehabt; Denn wenn seine Nerven das ausgehalten hätten und er sich in den nächsten zwei Monaten kein Chinin und Eisen gegeben hätte, dann hätte ich sein Honorar selbst bezahlt.

Sehen Sie, es war von Anfang an ein Rum-Job. Ich arbeitete damals für Hook-Nosed Moss, und da Lent und die Hälfte der angesehenen Theaterdamen unten in Monte Carlo Buße leisteten, haben wir nicht gerade ein Loch in die Bank of England gerissen – und das auch nicht , sogar unsere Fahrpreise nach Jerusalem verdienen. Moss kam jeden Tag düsterer und düsterer in die Garage im West End; Und als ich eines Morgens sah, dass er seinen diamantenen Hemdstecker (den gleichen, den wir „The Bleriot" nannten) verpfändet hatte, warum dann, sagt ich, Lal Britten, haltet euch von der Börse fern und setzt eure letzten dreißig nicht ein bob in Konsolen , wo auch immer Sie es platzieren.

Bayswater angerufen wurden und der überdachte Napier für ein Haus in der Richmond Road, Bayswater – einem Ort – bestellt wurde mit dem ich nicht vertraut war, aber Moss erklärte, dass es in Ordnung sein müsse, da der Herr, der dort wohnte, wusste, dass wir ein Napier-Auto hatten und uns daher in gewisser Weise vorgestellt wurde. Eine halbe Stunde später entdeckte er, dass die Richmond Road nichts weiter war als eine schäbige Straße voller Herbergen, und, mein Wort, er spulte mir seine Anweisungen nicht wie Texte aus einem Heft herunter.

„Das ist eine Schande, Britten", sagte er, als er an der Motorhaube des Wagens vorbeikam, den ich gerade für die Reise auf Vordermann brachte – „Ich wurde von den Leuten auf der Straße getäuscht. Wir müssen unsere Mode haben , bevor sie die Ware haben. " . Denken Sie daran, Sie fahren nicht eine Meile, es sei denn, sie zahlen die Shinies . Drei Guideas Steck dir die Tasche und dann fährst du sie . Hörst du zu, Britten?"

Es gelang mir, ihm einen Spritzer Öl aus meiner Dose zu geben – denn wir lieben Moss – und dann erzählte ich ihm, dass Nelson auf dem Achterdeck der *Victory* seinen Pflichten nicht mehr nachkommen würde.

„Drei Guineen zahlen, und dann fahre ich sie . Ist das eine Rundreise, um die Schönheiten von Surrey zu sehen, Mr. Moss, oder kehre ich zu meinem kleinen Feldbett zurück, nachdem der Ball vorbei ist? Ich würde es gerne aus Rechnung wissen." wenn es Ihnen nichts ausmacht, meine Klage vor Gericht anzunehmen.

24:00 Uhr bestellt , also nehme ich an, das liegt an der leichten, modischen Zehe, Britten. Aber jetzt bekommst du deine Mode — oder ich lasse dir sicher dein Gehalt streichen. Drei Guideas und was." Du Verrückter für dich selbst — das werde ich nicht anfassen, Britten — ich weiß, wie ich meine Diener gut behandeln soll.

Ich lachte darüber, sagte aber nicht zu viel, aus Angst, er könnte herausfinden, dass er auf der Rückseite seines schönen neuen Frühlingsanzugs einen fußballgroßen Ölfleck hatte, und als er mir das erzählt hatte Der Name meiner Partei war Faulkland Jones und ich hatte mir die Nummer des Hauses gegeben, ich machte mich wieder an die Arbeit und schon bald lief die dreijährige Napier so gut wie nie zuvor in ihrem Leben. Bis zehn Uhr abends passierte auch nichts weiter. Genau zu dieser Stunde fuhr ich sie zum Haus in der Richmond Road in Bayswater und schickte einen kleinen Jungen, der an die Tür klopfen sollte.

Es war ein Zwei-Penny-Ha'Penny- Laden, und daran bestand kein Zweifel; eine zweistöckige Herberge von vorgestern, mit einem Erkerfenster wie eine Métallurgique- Haube und einer Tür, die etwa so groß ist wie die Oberseite Ihres Getriebes.

Soweit ich von der Straße aus sehen konnte, war dort nur eine Lampe zu sehen, und die befand sich sozusagen abseits in einem kleinen Fenster eines Schlafzimmers — aber der Junge sagte hinterher, dass es einen Schimmer gab im Flur, und er war alt genug, um es zu wissen. Alles in allem hätte man ihnen keine dreißig Pfund pro Jahr für die ganze Sache geboten, es sei denn, man wäre ein Rothschild gewesen und hätte einen Koch als Rente — und was solche Leute mit einer Napier-Limousine für drei Guineen wollten, hätte ich wirklich nicht sagen können . Dies ging mich jedoch nichts an; Also gab ich dem Jungen einfach einen Penny und machte es mir auf meinem Platz bequem, bis die Herzogin in der Schürze erscheinen würde.

Ich musste nicht lange warten, vielleicht fünf Minuten, vielleicht zehn. Ich sagte der Polizei, als sie mich anschließend befragte, sie solle die Differenz aufteilen, denn niemand außer einem Polizisten hätte Ihnen sagen können, was es mit meiner Geschichte zu tun hatte. Als sich die Tür endlich öffnete, kamen ein paar Männer mit einem Korb in der Hand einen Garten hinunter, und der erste von ihnen wünschte mir sehr höflich „Guten Abend". Dann ließen sie den Korb leise auf das Pflaster fallen und begannen mit mir darüber zu reden.

„Wie stark ist Ihr Dach?" fragte der Erste und sprach mit einem nasalen Klirren, das ich nicht ganz einordnen konnte. „Wird es einen ganzen Korb kosten, okay?"

„Warum", sage ich, „es könnte davon abhängen, was Sie darin haben. Bin ich zum Waschen gekommen, oder soll ich Ihren Teller zur Bank von England fahren?"

Der zweite, der größere der beiden, lachte darüber; Aber der erste schien sehr beunruhigend zu sein, und es war mir nicht entgangen, dass er nach rechts und links von sich blickte, als fürchtete er, jemand könnte heraufkommen und hören, was sein Freund als nächstes zu sagen hatte.

„Ich schätze, es ist weder das eine noch das andere", fuhr der erste Redner fort. „Morgen Abend spielen wir Theaterstücke im Hampstead Town Hall, und das sind die Kleider. Wir möchten, dass Sie sie zur Boundary Road, St. John's Wood, bringen – ich zeige Ihnen das Haus, wenn wir dort ankommen." ; aber es heißt Bredfield , und Sie werden es an einer eckigen Lampe am Seitengleis erkennen. Vielleicht können Sie uns mit dem Gepäck helfen – und sagen: Haben Sie etwas gegen Gold, wenn Sie es nicht können? Silber bekommen?

Er reichte mir einen Sovereign und ich steckte ihn in meinen Handschuh. Moss hatte mir gesagt, ich solle die Schekel einsammeln, bevor ich sie eine Meile weit fahre, und das sagte ich den beiden, als ich die Gepäckleiter hinunterstieg, die ich glücklicherweise mitgebracht hatte, da ich den Job nicht kannte. Zu meiner Überraschung zahlten sie sofort, aber ich machte dazu keine Bemerkung; und als ich die Quittung im Licht meiner Lampe nebenan unterschrieben hatte, half ich ihnen mit dem Korb und schnallte ihn bald an die Reling, so dass selbst der nervöse kleine Mann mit den Kulleraugen zufrieden war.

Viele haben mich gefragt, ob ich keine Ahnung von diesem Korb hatte, nicht neugierig auf seinen Inhalt war und nichts bemerkte, als wir ihn hochhoben. Dazu sage ich, dass die Männer selbst die Hauptakteure des Geschäfts waren; dass sie das Gepäck vom Bürgersteig hoben und dass meine Aufgabe hauptsächlich darin bestand, es zu den Schienen zu führen und es dort zu befestigen, wenn ich es dort angekommen hatte. Ansonsten unterschied sich dieser Korb nicht von den Kleiderkörben, die man vielleicht auf einem halben Dutzend Vierrädern sieht, wenn man zum ersten Mal einen Bahnhof betritt; und ich würde die Unwahrheit sagen, wenn ich sagen würde, dass ich überhaupt darüber nachgedacht habe. Erst als wir die Boundary Road erreichten und ich an dem Haus namens Bredfield anhielt , kam mir überhaupt der Gedanke, dass etwas nicht stimmte. Dort bekam ich jedoch einen Schock, und das war kein Irrtum; Denn kaum hatte ich angehalten, stellte ich fest, dass ich allein gekommen war und dass weder der große Mann mit dem Yankee-Akzent noch der kleine Mann mit den Kulleraugen sich herabgelassen hatten, mich zu begleiten.

Nun, ich stieg vom Fahrersitz, öffnete und schloss die Tür, als wollte ich sichergehen, dass sich weder das eine noch das andere unter dem Sitz versteckte, und dann klingelte ich laut an der Vordertürklingel und wartete ab, was das Glück hatte kam in ihre Wundertüte.

Hätten die Männer mir klar und deutlich gesagt, dass ich alleine gehen solle, hätte ich nie einen zweiten Gedanken darüber verschwendet; aber ich hätte schwören können, dass sich die beiden in der Limousine befanden, als ich die Richmond Road verließ, und wie oder wo sie herunterkamen, wusste ich genauso wenig wie der Lordkanzler. Es blieb abzuwarten, ob die Leute im Haus klüger waren; und Sie können sicher sein, dass ich zu diesem Zeitpunkt neugierig genug war und, wenn man die Wahrheit sagen muss, nicht wenig verängstigt war.

Wie viele wissen, ist die Boundary Road eine ruhige Durchgangsstraße in St. John's Wood. Die meisten Häuser sind freistehend und viele von ihnen haben vorn und hinten einen sechs Meter großen Garten. Dieses besondere Haus war größer als gewöhnlich und besaß eine seltsame Eisenlampe, die über dem Gartentor angebracht war und hundert Meter entfernt auffiel. Anders als in der Baracke in der Richmond Road schien fast jedes Fenster hell erleuchtet; und ich glaube nicht, dass ich zwanzig Sekunden gewartet hatte, obwohl es mir wie eine Viertelstunde vorkam, als die Haustür aufflog und eines der hübschesten Stubenmädchen, die ich je gesehen habe, den Weg entlanggerannt kam und sogar fragte bevor sie das Tor geöffnet hatte, wenn die Dame angekommen war.

„Warum", sage ich schnell genug, „das hat sie sicherlich nicht getan, da sie zum Essen mit dem Großherzog Isaac in die Metropolitan Music Hall mitgenommen wurde. Aber ihre Kleider sind hier, Miss, und wenn Sie eines davon anprobieren möchten. Bevor sie ankommt, bist du mir herzlich willkommen.

Sie lachte darüber und kam auf den Bürgersteig. Ich habe gesagt, sie sei hübsch, aber das ist kaum das richtige Wort dafür. Wenn sie morgen auf die Gaiety-Bühne gehen würde, wäre sie in vierzehn Tagen das Gesprächsthema der Stadt – und was ihre Manieren betrifft, nun, es steht mir nicht zu, dazu Stellung zu nehmen. Freundlichkeit spricht mich an, wo auch immer ich sie finde, und wenn Betsy Chambers nicht freundlich ist, dann kenne ich die Bedeutung des Begriffs nicht.

„Woher kommst du?" sie fragte mich, als wir dort standen; „Sind Sie aus Schottland gekommen?"

„Eher wie von Scotland Yard in diesen Zeiten", sage ich; „Warum solltest du mich das fragen?"

„Weil der Herr sagte, dass seine Frau heute Abend aus Schottland ankommen würde, er aber erst morgen hier sein würde. Ich wäre um nichts im Haus vorbeigekommen, wenn er nicht gesagt hätte, dass sie kommt!"

„Dann bist du also allein, mein Lieber?"

Sie warf den Kopf zurück.

„Ja, das bin ich, und deshalb sind alle Lampen angezündet."

„Natürlich", rief ich, „könnte ein Mann unter dem Bett gewesen sein." Aber sie war zu höflich, um das zu bemerken, und ich konnte sehen, dass sie große Angst davor hatte, allein in diesem fremden Haus zu schlafen, und das wundert mich nicht.

„Ich kann die ganze Nacht im Vorgarten auf und ab gehen, wenn du möchtest", sagte ich, „oder vielleicht könnte ich auf dem Sofa im Wohnzimmer schlafen, wenn du möchtest. Ist das das erste Mal, dass sie dich hier allein gelassen haben?" ?"

Sie sah mich überrascht an.

„Ich habe mich erst gestern vom Standesamt in Marylebone verlobt. Das ist ein möbliertes Haus, und sie haben es mit Sicherheit für drei Monate gemietet. Der Herr kommt aus Edinburgh und die Dame ist Amerikanerin. Sie haben noch keine Köchin, Aber ich hoffe, morgen eines zu haben. Was soll ich tun, wenn sie überhaupt nicht kommen?"

„Oh", sage ich, „probieren Sie ihre Kleider an und sehen Sie, wie sie Ihnen stehen. Angenommen, wir schaffen es gleich mit dem Korb. Da kommt ein Kerl, der aussieht, als könnte er Sixpence ausgeben, wenn er keinen Schilling hätte ; wir werden ihn engagieren und anschließend über das Abendessen reden. Heißen Sie übrigens Susan? Das letzte nette Mädchen, das ich getroffen habe, hieß Susan, und so dachte ich –"

„Oh, sei nicht albern", sagt sie; „Mein Name ist Betsy, und wenn du meine Hand so drückst, wird dich jemand sehen."

Ich sagte ihr, dass es wohl in einem Moment der Abstraktion geschehen war, und rief dann den „Taxifahrer" an, der die Straße entlang herumlungerte; Und als er und ein Bote in Eile waren, holten wir den Korb herunter, trugen ihn in eine große quadratische Halle und legten ihn fast am Fuß der Treppe ab, die wir gleich hinauftragen mussten.

Irgendwie kam es mir für einen Wäschekorb zu schwer vor; Aber ich sagte zu diesem Zeitpunkt nichts darüber, und nachdem ich Betsy gesagt hatte, dass ich in einer Minute zurückkommen würde, ging ich zurück zu meinem Auto, um den Benzinhahn abzustellen und nachzusehen, ob alles in Ordnung war. Als ich das Haus wieder betrat und kaum die Tür geschlossen hatte, passierte mir das Seltsamste, an das ich mich erinnern kann. Es war nichts Geringeres als das – dass das Mädchen, Betsy, mit einem Gesicht so weiß wie ein Laken auf mich zukam; Und bevor ich ein einziges Wort sagen oder ihr auch nur die leiseste Frage stellen konnte, glitt sie einfach kopfüber durch meine Arme und lag wie ein totes Ding da.

Nun, das war eine schöne Position, und daran besteht kein Zweifel. Das Mädchen schlaff und hilflos in meinen Armen, keine Menschenseele im Haus, ich weiß nicht, wo ich einen Tropfen Brandy hinlegen soll, ganz zu schweigen von einem Glas Wasser, und vor allem das eigenartige Gefühl, dass etwas noch nicht vorbei ist -angenehm muss Betsy Angst gemacht haben, und dass es mich erschrecken könnte, bevor viele Minuten vergangen waren. Als ich aufmerksam zuhörte, konnte ich zunächst kein Geräusch im ganzen Haus hören – aber gerade als ich mir sagte, ich solle kein Narr sein, hörte ich, so deutlich wie nie zuvor in meinem Leben, ein Seufzen, als ob jemand stöhnte Schmerzen haben; Und dabei warf ich, glaube ich, das Mädchen sauber auf den Boden und rannte in den nächsten Raum, in einem Zustand, in dem ich mich selbst vor meinem eigenen Bruder geschämt hätte, es zu gestehen.

Was bedeutete das, wer spielte uns einen Streich und was war das Geheimnis? Ich schaute mich in der Wohnung um und entdeckte das Esszimmer, schlicht eingerichtet, gut beleuchtet, aber so menschenleer wie die Westminster Abbey um zwölf Uhr an einem Sonntagabend. Ein kleinerer Raum auf der rechten Seite lag im Dunkeln, aber ich fand den Schalter und überzeugte mich in einem Moment, dass sich dort niemand versteckte; Auch die Suche in allen Ecken und Winkeln in der Nähe brachte mich nicht weiter auf. Was noch schlimmer war, war die Tatsache, dass ich das Stöhnen jetzt sehr deutlich hören konnte; Und als ich eine Minute lang gestanden hatte, während mein Herz wie eine Dampfpumpe schlug und meine Augen von den Schatten und dem Licht halb geblendet waren, entdeckte ich blitzschnell, dass derjenige, der stöhnte, in keinem Raum des Hauses war, auch nicht in noch auf der Treppe, sondern in dem Korb, den ich gerade hingelegt hatte und den ich hätte tragen sollen, bevor viele Minuten vergangen waren.

Ich werde hier nicht genau darlegen, was ich dachte oder tat, als ich diese erstaunliche Entdeckung machte, oder was ich in dem Moment fühlte, als ich versuchte, ihre Bedeutung zu verstehen. Vielleicht könnte ich mich nicht an die Hälfte dessen erinnern, was passiert ist, selbst wenn ich es versucht hätte. Meine deutlichste Erinnerung ist die einer dunklen, stillen Straße und wie ich dort stand, barhäuptig, mit einem ohnmächtigen Mädchen auf meinen Armen und einem höflichen alten Kerl mit weißem Schnurrbart,

der immer wieder fragte: „Mein Guter, was auch immer das ist." Materie und
was zum Teufel machst du hier? Als ich ihm antwortete , wollte ich ihn um
Gottes willen bitten, mir den Namen des nächstgelegenen Arztes zu nennen
– und ich erinnere mich, dass er dabei einfach auf das Haus gegenüber und
auf ein Messingschild an der Tür zeigte.

„Ich bin Mr. Harrison, der Chirurg", sagte er schnell; „Ich kaufe gerade
einen Motor und bin daher über die Straße gegangen, um mir Ihren
anzusehen. Sagen Sie mir, was passiert ist und was mit der Frau los ist."

Ich sagte es ihm so leise ich konnte.

„Gott weiß, was es ist – vielleicht Mord. Das Mädchen hörte es und
fiel in Ohnmacht. Wenn ich sie hinlegen kann, wird es ihr gleich wieder gut
gehen. Ich hätte nie gedacht, dass eine Frau auch nur halb so viel wiegt. Wie
auch immer, sie kommt zu sich und das ist es etwas – wenn Sie einen
Polizisten rufen könnten, Sir.

Ich muss sagen, er war ein selbstbeherrschter Gentleman, und als ich
die Straße auf und ab blickte, während ich das Mädchen auf dem Trittbrett
des Wagens absetzte, erspähte er den kleinen Botenjungen, der uns geholfen
hatte, den Korb ins Auto zu tragen Haus und schickte ihn nach einem
Polizisten. Betsy hatte inzwischen die Augen geöffnet, aber alles, was sie
sagen konnte, hatte für mich keine Bedeutung und war für ihn auch nicht
klarer. Als wir sie zu seiner Praxis gebracht und dort zurückgelassen hatten,
kehrten wir gemeinsam ins Haus zurück, und während wir gingen , versuchte
ich ihm zu erzählen, was passiert war und wie es dazu kam, dass ich in eine
so seltsame Affäre verwickelt war. Die Geschichte war noch zur Hälfte
erzählt, als wir die Stufen von Bredfield hinaufstiegen und direkt auf den
Korb zugingen, der das Mädchen zu Tode erschreckt hatte und mich fragte,
ob ich wach war oder träumte. Nun hatte ich jedoch überhaupt keinen
Zweifel mehr an der Sache, denn wer auch immer unter diesem Deckel war,
kämpfte ziemlich wild darum, sich zu befreien, und hätte die Nabelschnur in
einer weiteren Minute zerrissen, wenn der Arzt sie nicht durchtrennt hätte.

Ein paar Hiebe mit einer Lanzette durchtrennten das starke Seil, mit
dem mein „Bündel" zusammengebunden worden war, und ein dritter
durchtrennte das Stück Schnur, das die Haspel am Korbgeflecht befestigte.
Ich trat instinktiv einen Schritt zurück, als der Herr den Deckel hob, und um
ehrlich zu sein tat er es auch – derselbe Gedanke, da bin ich mir sicher, ging
uns beiden durch den Kopf und der Glaube, dass unser eigenes Leben in
Gefahr sein könnte. Als die Wahrheit ans Licht kam, war mein erster Impuls,
laut zu lachen, mein zweiter Impuls, ohne einen Moment Zeitverlust in
meinem Auto loszufahren und zu versuchen, das Schurkenpaar, das diese
Tat begangen hatte, zur Strecke zu bringen.

Mit einem Wort, ich kann Ihnen sagen, dass sich in dem Korb ein junges Mädchen befand, das offenbar nicht älter als fünfzehn Jahre war; dass sie in Lumpen gekleidet war, obwohl es sich offenbar um eine Dame von gutem Zustand handelte, und dass es schien, als wir sie heraushoben, dass sie den Verstand verloren hatte und dass ihr junges Leben bald darauf folgen könnte.

Ich habe in meinem Leben einige seltsame Zeiten durchgemacht; hatte sozusagen schon so manchen Blick ins Jenseits geworfen; Ich habe gesehen, wie Männer schnell und langsam starben – aber für echtes Erstaunen und Mitleid werde ich diese Szene in der Boundary Road, St. John's Wood, nie besser machen, wenn ich so lange lebe wie die Patriarchen.

Stellen Sie sich nur die hell erleuchtete Halle und den offenen Korb vor, und dieses hübsche kleine Ding mit dem gelben Haar, das über ihre Schultern fällt, und ihren nackten Armen, die sich wie flehentlich an den Arzt und mich wenden, und solchen Schreien auf ihren Lippen, als ob wir und nicht Die Männer, die sie hierher geschickt hatten, waren ihre mutmaßlichen Mörder gewesen. Ich sage Ihnen, dass ich mein Haus verkauft hätte, um sie zu retten, und das ist kein leeres Wort. Leider konnte ich nichts tun, und was ich getan hätte, wurde mir von der Polizei verboten, denn noch bevor fünf Minuten vergangen waren, waren drei von ihnen im Raum; und man könnte mir verzeihen, wenn ich sage, dass die Hälfte der örtlichen Streitkräfte innerhalb einer halben Stunde vor Ort war.

Nun, Sie wissen, was ein Polizist ist, wenn etwas Großes auftaucht; wie man ein mächtiges, schönes Notizbuch von etwa 60 cm Länge hervorholen muss, und vielleicht einen Tropfen Whiskey und Limonade, um seinen Bleistift anzuschärfen, und dann die Fragen und Antworten und was sonst noch – die ganze Zeit rennt der Dieb mit voller Geschwindigkeit durch die Küche Hinterhofstraße und die goldene Uhr ragt aus seinem Stiefel.

Ich beantwortete an diesem Abend vielleicht einhundertfünfzig Fragen, und niemand wusste, was sie sagte. Über alles wurde Notizen gemacht: die Zeit, zu der ich aufbrach, der Geburtsort meines Vaters, das Gehalt, das man mir für den Job bezahlte, die Adresse der Werkstatt, den Vor- und Nachnamen von Abraham Moss – ob ich meinen Führerschein beglaubigt oder behalten hatte Es war sauber – bis ich es schließlich nicht mehr aushielt und dem Inspektor deutlich sagte, dass dies nicht Colney Hatch sei, und je früher er es verstand, desto besser.

„Hier ist mein Auto und da ist die Straße", sagte ich; „Wirst du zur Richmond Road fahren und dir das Haus selbst ansehen oder nicht? Ich sage dir, es waren zwei davon, und einer könnte jetzt dort sein. Du kannst es selbst beweisen oder es lassen, wie du willst. Aber Sagen Sie nicht, dass darüber nicht gesprochen wurde, sonst weiß ich, wie ich Ihnen widersprechen kann.

Daraufhin sank er zu Boden und willigte ein, mit mir zu gehen. Nach einer Viertelstunde waren wir wieder zurück in der Richmond Road und klopften etwa zwei Minuten später an die Tür des Hauses, wo ich den Korb abgeholt hatte. Diesmal öffnete uns eine sehr alte Frau und antwortete sehr höflich, dass die beiden fremden Herren mit dem Abendzug zum Kontinent aufgebrochen seien und sie keine Ahnung habe, ob sie zurückkehren würden oder nicht. Sie hätten sie immer regelmäßig bezahlt, sagte sie, wenn auch nicht oft zu Hause; Was ihr Zimmer angeht, könnten wir es gerne begutachten. Das noch erstaunlichere Geständnis kam später, denn als sie gedrängt wurde, uns etwas über die junge Dame zu erzählen, erklärte sie energisch, dass sie noch nie eine gesehen hatte und dass die Herren Picton – so nannte sie ihre Untermieter – keine weibliche Gesellschaft hatten. und sehr selten hatten sie auch nur einen Herrn auf ihr Zimmer gebeten.

Der Inspektor hörte sich alles an, was sie zu sagen hatte, und führte dann eine formelle Durchsuchung des Hauses durch. Es wäre Zeitverschwendung, darauf zu beharren, dass er nichts gefunden hat – nicht einmal ein Stück Papier oder eine leere Kragenschachtel, die ihn aufklären könnten; aber er befahl strikt, dass niemand unter irgendeinem Vorwand die Herrentoilette betreten dürfe; und als er es verschlossen und den Schlüssel eingesteckt hatte, ließ er mich ihn zurück zur Boundary Road und dann hinauf zum Krankenhaus in Hampstead fahren, wohin das kleine Mädchen gebracht worden war und wo es dann lag. Natürlich hatte ich ebenso wie er den *Vortritt* – denn zu diesem Zeitpunkt befanden sich bereits drei oder vier stolze Männer von Scotland Yard auf dem Teppich, und alle waren sehr darauf bedacht, meine Bekanntschaft zu machen. Daraus erfuhr ich, dass das Kind immer noch unzusammenhängend sprach und sich überhaupt nicht erinnern konnte, wer es war oder woher es kam. Der Schrecken hatte ihre Fähigkeiten gelähmt . Soweit sie darüber wusste, hätte sie gestern geboren sein können.

Ich für meinen Teil hatte den starken Wunsch, selbst mit dem Mädchen zu sprechen und ein paar Fragen zu stellen, die mir während des Wartens in den Sinn gekommen waren; Aber die Polizei wollte davon nichts wissen, und sie erlaubte mir höchstens, sie vom anderen Ende der Station aus anzusehen, was ich lange Zeit tat, ihr Gesicht sehr genau beobachtete und mich fragte, wie schön es war War.

endlich wegschickten, kehrte ich in die Garage im Westen zurück und so in mein Bett, aber nicht zum Schlafen. Zu diesem Zeitpunkt musste es bereits drei Uhr morgens gewesen sein, und ich lag da, bis ich eine lärmende Kirchenuhr sieben schlagen hörte, als ich beschloss, dort anzuhalten und mich nicht länger herumzuwälzen, sondern aufzustehen und die Morgenzeitungen zu lesen. Nur wenige von ihnen enthielten jedoch mehr als einen kurzen Absatz, in dem die Tatsache bekannt gegeben wurde, und wir mussten auf die „Abende" warten, um die wahre Sensation zu entdecken. Mein Wort, wie dick sie es aufgetragen haben – und was für einen Helden sie aus mir gemacht haben. Ich muss an diesem Tag ein Dutzend Mal interviewt worden sein , und als die Zeitungen am nächsten Morgen kamen, las ich zum ersten Mal, dass eine Belohnung von fünfhundert Pfund für die Ergreifung der Täter dieses Verbrechens ausgesetzt worden war und dass dies auch der Fall sein würde vom Herausgeber des *Daily Herald* am Tag der Lösung des Rätsels bezahlt.

Natürlich gab es viele Theorien. Manche hielten es schlicht und einfach für eine Entführung, andere für Rache; Einige empfahlen den Ärzten, dem Gifthinweis zu folgen und festzustellen, ob das Kind unter Drogen gesetzt worden war, bevor es in den Korb gelegt wurde.

Was mich selbst betrifft, ich hatte eine Idee im Kopf, die ich nicht einmal gegenüber Betsy Chambers erwähnte, die ich zu dieser Zeit und im Allgemeinen abends ziemlich oft sehen musste. Ich vermute, dass diese Idee die Mannschaft von Scotland Yard vor Lachen umgehauen hätte; Aber ich hatte keine Lust, fünfhundert mit ihnen zu teilen – vor allem, weil sie mir bei den letzten Petty Sessions in Kingston siebenhundertfünfzig abgezogen haben –, also bewahrte ich einfach einen stillen Mund und erwähnte die Angelegenheit niemandem gegenüber. Vielleicht war es bedauerlich, dass ich es nicht getan habe; Ich kann Ihnen nicht mehr sagen, als dass ich in den nächsten zehn Tagen durch Soho gelaufen bin, als hätte ich Lust, das Viertel aufzukaufen , und dass ich genau am elften Tag gefunden habe, was ich gesucht habe – und zwar durch das, was ich wollte Ich hätte vielleicht eine Wende der Vorsehung herbeigerufen, wenn ich jetzt nicht gewusst hätte, dass es etwas ganz anderes war.

Ich möchte Sie an dieser Stelle daran erinnern, dass der Fall in der Stadt immer noch in aller Munde war, obwohl die Hoffnung, die mutmaßlichen Attentäter vor Gericht zu bringen, fast aufgegeben worden war.

bei weitem nicht dasselbe war, als würde man Southend -on-the-Mud sagen . Sie erinnerte sich deutlich an ihren Vater und schrie im Schlaf oft nach ihm. Sie schien nicht zu glauben, dass sie eine Mutter hatte, und an das, was in der Richmond Road geschah, konnte sie sich an nichts erinnern. Ich hatte sie zweimal gesehen; Aber als ich in ihre Nähe kam, erschrak sie so sehr, dass mir die Polizei überhaupt verbot, dorthin zu gehen – und ich glaube, auf mein feierliches Wort, wenn es die Zeugen nicht gegeben hätte , hätten sie gesagt, ich hätte etwas damit zu tun den Job selbst.

Das störte mich freilich überhaupt nicht. Was mir in den Sinn kam, waren die fünfhundert Pfund, die der *Daily Herald* für die Lösung des Rätsels angeboten hatte; und diese Summe habe ich Tag und Nacht nicht aus den Augen verloren. Um es zu gewinnen, muss ich den Yankee mit der Stimme wie ein Sägewerk und die kleine Bucht mit den Kulleraugen entdecken, und zwar aufgrund eines Instinkts, den ich selbst mir selbst kaum erklären kann (außer zu sagen, dass es damit zusammenhängt). (drei Tage, die ich vor acht Monaten in Paris verbracht habe) Ich habe Soho elf Tage lang gejagt, so wie andere Männer in Afrika Großwild jagen. Und, können Sie es glauben, als ich schließlich einen von ihnen entdeckte, geschah das nicht durch meine Augen, sondern durch seine, denn er entdeckte mich ganz am Ende der Wardour Street, und als er über die Straße kam, gab er mir einen Klaps auf mich die Schulter, als ob ich sein einziger Bruder gewesen wäre, der speziell zu dem Zweck, ihm die Hand zu schütteln, auf die Gesellschaft losgelassen wurde.

„Warum", sagt er, „ich vermute, es ist der Kutscher."

„Coachman sei d – d", sage ich; „Hat Ihnen Pentonville nicht bessere Manieren beigebracht? Seien Sie vorsichtig", sage ich, „sonst wird Ihr Urlaubsschein annulliert –"

Er sollte nicht beleidigt sein, denn er behandelte mich weiterhin so, als ob er mich liebte und das Leben ein Elend gewesen wäre, seit wir uns verloren hatten.

„Sagen Sie", rief er, „Sie sind mit dem Korb gut durchgekommen. Nun, sehen Sie mal: Wollen Sie die fünfhundert bekommen, Britten, oder nicht? Ich werde mit Ihnen den Weißen Mann spielen – willst du es bekommen?

„Oh", rief ich, „wenn es darum geht, dass fünfhundert in die Garderobe gelegt werden, weil kein Etikett drauf ist –"

„Dann kommen Sie mit", erwiderte er, nahm mich am Arm, führte mich die Straße entlang und bog scharf nach rechts zu einem Ort, der wie eine stillgelegte Kutschenstation aussah; Und bevor ich mit den Augen zwinkern konnte, zerrte er mich durch eine Tür in einen Raum dahinter und brach dann in schallendes Gelächter aus.

„Britten", sagt er, „du bist ziemlich erledigt. Ich habe dich im Griff, Britten. Merkst du das nicht auch?"

Nun ja, von allen Narren! Mein Kopf drehte sich bei dem Gedanken; Nicht zuerst der Gedanke an Angst, wohlgemerkt, obwohl die Angst ganz richtig folgte, sondern nur mit der Ironie des Ganzen und dem regelrechten Wahnsinn, der mich in diese Falle schickte wie eine Fliege in ein Spinnennetz. Und dieser Mann würde mich aussaugen; Ich hatte keinen Zweifel daran; Ein Wort könnte mich das Leben kosten.

„Nun", erwiderte ich, wohlwissend, dass meine Sicherheit von meinem Verstand abhing, „und was wäre, wenn ich es wäre? Glaubst du, ich bin hierher gekommen, ohne Inspektor Melton wissen zu lassen, wohin ich wollte? Du solltest es dir besser überlegen, alter Junge. Es können zwei an der Ecke und beide auf der falschen Seite sein. Machen Sie keinen Fehler."

Er lachte sehr leise, und als ob er seinen eigenen Worten Nachdruck verleihen wollte, ließ er die Fensterläden vor dem einzigen Fenster hoch, das die elende Höhle dieses Ortes besaß. Wir befanden uns jetzt in einer Art Zwielicht, in einer miserabel eingerichteten Hütte, das Papier blätterte von den Wänden, der Feuerrost war verrostet und selbst die Bretter unter unseren Füßen zerbrochen. Und ich glaubte, er hätte eine Pistole in der Tasche und würde sie benutzen, wenn ich auch nur meine Hand hob.

„Oh", sagt er plötzlich und in einem spöttischen Ton, der mir über den Rücken lief wie kaltes Wasser aus einem Ausguss. „Oh, du bist ein mutiger Junge, Britten, und wenn du über die Technik sprichst, mag ich dich. Sehen Sie hier, habe ich versucht, dieses Mädchen zu ermorden, oder nicht? Eine faire Frage und eine faire Antwort. Bin ich der Mann, nach dem die Polizei sucht, oder ist es ein anderer?

Ich antwortete ihm direkt.

„Sie beide sind dabei. Das wissen Sie genau – und die Belohnung beträgt fünfhundert, ganz zu schweigen von dem, was die Polizei anbietet."

„Du willst diese Belohnung haben, Britten."

„Wenn ich es fair hinbekomme, ja."

„So gut wie zu sagen, dass du direkt hier rausgehst und mich aufgibst?"

„Es sei denn, Sie können mir sagen, dass Sie es nicht getan haben."

Er drehte sich auf dem Absatz um und sah mich so wild an wie ein Teufel aus der Hölle.

„Ich habe es getan, Britten – Barney, mein Kumpel, hatte nichts damit zu tun. Hast du ihn nicht in der Nacht, als du uns abgeholt hast, schwitzen sehen? Barney ist bei diesem Spiel ein schwacher Fuß; er wird niemals eine Rolle spielen." der ‚Kalender', warum nicht, wenn er als Schimpanse in der menschlichen Menagerie leben wird?

Nun, ich glaube, ich lehnte mich zurück und schauderte bei diesem Gedanken; Jedenfalls überkam mich ein schreckliches Gefühl des Entsetzens, sowohl bei den Worten des Mannes als auch bei dem Gedanken an meine einsame Situation und an das, was danach kommen musste. Alle Berechnungen schienen gegen mich zu sprechen. Ich bin ein starker Mann und hätte diesem Yankee Faust gegen Faust die Stirn geboten, und zwar für jede beliebige Summe, die Sie nennen möchten; Aber die Pistole in seiner Tasche und die Gewissheit, dass er sie bei jeder Provokation einsetzen würde, hielten mich an meinem Sitz fest, als würde ich dort festkleben. Und so sah ich ganze fünf Minuten lang, für mich eine Ewigkeit, zu, wie er im Zimmer auf und ab ging, sich über seine schreckliche Arbeit freute und mich fragte, wann ich an die Reihe kommen würde.

„Britten", sagte er plötzlich – und seine Stimme hatte sich verändert, dachte ich – „Britten, möchtest du einen Whiskey und eine Limonade?"

„Wenn es nur Whiskey und Limonade wäre –"

„Was! Glaubst du, ich werde es behandeln – genauso wie Mabel?"

„Ich weiß nicht, worauf Sie sich beziehen – aber so etwas ging mir durch den Kopf."

Es amüsierte ihn großartig – und ich muss noch einmal sagen, dass seine Haltung durchweg die eines Mannes war, der sich das Lachen kaum verkneifen konnte, egal was er tat, so dass ich zu dem Schluss kam, dass er einem rasender Wahnsinnigen sehr nahe kommen musste, und dass das vielleicht auch der Fall war Das Gericht würde ihn für einen solchen halten.

„Oh", sagt er, „fürchten Sie sich nicht, Britten, ich werde Sie nicht so behandeln – Sie können meinen Whisky ruhig trinken, ein Fass voll, wenn Sie können. Wenn ich mich um dich kümmern will, Britten, dann wird ein ganz anderer Weg sein – Bargeld, mein Junge; hast du irgendwelche Einwände gegen ein wenig Bargeld?"

Ich riss meine Augen weit auf und sagte mir zum zweiten Mal, dass er genauso verrückt war wie jeder Märzhase aus den Bilderbüchern; aber ich sagte nichts, denn er hatte sich zu einem kleinen Holzschrank in der Nähe des Kamins umgedreht, und bevor er wieder sprach , stellte er eine Flasche Whisky, einen Siphon und zwei Becher auf den Tisch und schenkte sich und seinen Freunden eine kräftige Dosis ein Kerl für mich. Als ich ihm dabei zugesehen hatte, wie er es trank, und nicht vorher, folgte ich seinem Beispiel, und noch nie hatte ein Mann so großes Verlangen nach Whiskey und Limonade.

„Ihre Gesundheit", sagt er – ich glaube, ich wünschte ihm dasselbe. „Und die der kleinen Mabel Bellamy –"

Mit einem Knall stellte ich das Glas auf den Tisch.

"Guter Gott!" sagte ich, „nicht Mabel Bellamy, die vor zwei Jahren in den Folies Bergères in Paris den Trick mit dem Verschwinden gemacht hat?"

„Das Gleiche", sagt er.

„Und du sagst mir –"

„Dass sie eine sehr gute Schauspielerin war. Leugnen Sie das, Mr. Britten?"

Ich stand auf und knöpfte meinen Mantel zu – aber der schwarze Ausdruck war wieder in seinen Augen.

„Britten", sagt er, „nicht so sehr in Eile, bitte. Ich gehe heute Nachmittag zum *Daily Herald* , um die fünfhundert zu holen. Du wirst hier sitzen bleiben, bis ich zurückkomme, dann werde ich dir fünfzig zahlen." vom Besten. Ist es ein Schnäppchen, Britten – haben wir das Recht auf das Geld oder haben Sie?"

Ich dachte einen Moment darüber nach und konnte die Gerechtigkeit nicht leugnen.

„Willst du damit sagen, dass du es für eine Werbung gemacht hast?" Ich weinte.

„Genau das Gleiche", sagt er, „und heute Abend wird Mabels liebevoller Papa, der Herr mit den großen Augen, Britten, nach Hampstead gehen und seine lange verlorene Tochter an seine Brust nehmen. Sie hat ihren ersten Auftritt im Casino." Morgen Abend Theater, Britten –"

Ich stand auf und schüttelte ihm die Hand.

„Fünfzig der Besten", sagte ich, „und ich werde hier auf sie warten."

Nun, ich muss sagen, es war eine wirklich gute Idee, dass die beiden zunächst dem Publikum einen solchen Trick vorführten, nur um die ganze Welt wissen zu lassen, dass Mabel Bellamy aus einem Korb im Casino Theater verschwinden würde ; und zweitens, beim *Daily Herald vorbeizuschauen* und fünfhundert der besten Exemplare zu finden – und sie auch zu bekommen, bevor die Geschichte Wind bekam.

Sehen Sie, der *Herald* hat kein Geld verloren, denn er hatte einen tollen Knüller ganz für sich allein, während die anderen Zeitungen mit den Zähnen knirschten und zusahen. Bei weitem nicht die ganze Wahrheit, sondern nur eine verstümmelte Version über fremde Buchten, die das Geschäft betrieben und abgehauen sind, und einen liebevollen Vater, der nie zugestimmt hat – und solch ein Durcheinander und Hokuspokus, der einen ... Schwein lacht.

Ob das Publikum jedoch wirklich alles akzeptierte oder ob es sich über die Art des Stücks ärgerte, kann ich nicht sagen.

Gefühle sind schließlich eine sehr schöne Sache, wie ich Betsy Chambers an dem Abend erzählte , als ich ihr die Ankerbrosche gab und sie bat, sie für eine Weile zu tragen, ganz zu schweigen von der schönen Zeit, die wir hatten, als ich sie nach Maidenhead mitnahm Ich saß im Auto des alten Moss und tat so, als hätte ich in Reading eine Panne mit einem Akkumulator gehabt. Natürlich mischte sich Moss mit einem Interview ein.

Ich frage mich, ob der Anblick seiner hässlichen alten Tasse das Papier, auf dem sie gedruckt war, nicht schrumpfen ließ.

Jedenfalls ich und Betsy — aber das ist eine andere Geschichte, und deshalb sollte ich vielleicht lieber zum Schluss kommen.

DIE GRÄFIN

Zunächst einmal wäre es wohl besser, Ihnen ihren Namen zu nennen, aber ich habe ihn nur ein einziges Mal im Adressbuch des Ritz-Hotels in Paris gesehen, und dann hätte ich ihn mir nicht selbst aufschreiben können – nein , nicht, wenn mir ein Mann dafür fünf der Besten geboten hätte.

Wissen Sie, sie gab aus, dass sie aus dem Ausland käme, und als ihr Mann einfiel, dass sie einen hatte, hielt er ihn für einen ungarischen Adligen mit einem Namen, der sich zum Walnussknacken eignete, und einem Schnurrbart wie die Hörner einer Antilope über einem Feuerrost aufgestellt, um von ihren Vorfahren zu sprechen. Hätte man mir zwei Vermutungen angeboten , hätte ich gesagt, dass sie aus New York City kommt und dass ihr Name Mary ist. Aber wer bin ich, einer hübschen Frau in Schwierigkeiten zu widersprechen, und was war mit Maria Louise Theresia und allem anderen los, wie sie es im Gästebuch des Hotels notierte?

Ich war beruflich mit einem großen französischen Auto in Paris und habe dort eine Zeit lang für James D. Higgs gearbeitet, den amerikanischen Weißblechhersteller, der im Ritz Hotel für Glanz sorgte und fast einen Panhard hatte groß genug, um den Chor nach Armenonville zu tragen – was er abschnittsweise tat, ohne Angst oder Gunst zu zeigen und in seinem Geschmack wunderbar domestiziert zu sein.

Als James von den häuslichen Gefühlen überwältigt wurde und dachte, er würde nach Pittsburg zu seiner trauernden Frau und seinen Kindern zurückkehren, übergab er mich der Gräfin mit der Begründung, dass sie eine besondere Freundin von ihm sei und dass ihre Vorfahren nicht segeln würden Beim Eroberer lag es wahrscheinlich daran, dass sie einen Termin im Moulin Rouge hatten und zu vornehm waren, um ihn einzuhalten – was seine Art war, mir zuzuzwinkern; und „Britten, mein Junge“, sagt er, „halte sie von Unheil fern, denn du bist alles, was sie in dieser bösen Welt hat.“

Nun, es war ein Augenöffner, muss ich sagen; denn ich hatte sie nicht länger als zwei Minuten zusammen gesehen, und als wir uns dann doch trafen, stellte ich fest, dass sie nur ein lustiges kleines amerikanisches Gefährt war, schlank und wohlgeformt und so voller Elan wie ein Schulmädchen auf einem Kreisverkehr. Ihre Idee, erzählte sie mir, sei, mit einem von Delahaye gemieteten Auto von Paris nach Monte Carlo zu fahren und dort ihren Mann mit dem umwerfenden Namen zu treffen; den sie, wie sie mir mit dem Blick eines Engels auf dem blauen Bild versicherte, seit mehr als zwei Jahren nicht mehr gesehen hatte.

„Zwei Jahre, Britten – sicher und gewiss. Was halten Sie nun davon?“

„Es hängt von Ihrem Mann ab, Madame", sagte ich; worüber sie so laut lachte, dass man sie unten im Garten gehört haben musste.

„Natürlich", sagt sie, „Sie haben es zum ersten Mal geschafft. Es hängt vom Ehemann ab, und meiner ist das freundlichste, sanfteste und dümmste Geschöpf, das es je auf dieser Welt gab. Sie sehen also, Ich bin fest entschlossen, ihm nicht länger vorenthalten zu werden.

„Dann, Madame", sagte ich, „sollten wir besser sofort anfangen."

Ich dachte, sie zögerte, hätte schwören können, dass sie mich noch weiter in ihr Vertrauen aufnehmen würde; aber ich nehme an, sie hielt die Zeit für ungeeignet; und nachdem sie mir ein paar Fragen zum Auto gestellt hatte und ob ich die Straße kannte und ein vorsichtiger Fahrer sei, gab sie mir die Anweisung, am nächsten Morgen um neun Uhr im Hotel zu sein. Also ging ich weg, sagte mir, dass die Welt ein komischer Ort sei, und fragte mich, was Herr Joseph, der Kieferknacker, seiner guten Dame zu sagen hätte, wenn sie tatsächlich in Montey auftauchte und ihm ihren neuen Bienenstockhut überreichte Busen.

Das ging mich nichts an. Ich bin Autofahrer und zwei Pfund zehn am Samstag sind meine ständige Angst. Gebt mir einen regelmäßigen Lohn und die Klasse eines Passagiers, der am Ende der Reise nach der Handfläche des Fahrers greift, und ich werde von der Vorsehung nichts mehr verlangen. Also fuhr ich am nächsten Morgen um Punkt neun mit der großen Delahaye-Runde zum Ritz, und um eine Viertelstunde nach war Ihre Ladyschaft an Bord und wir machten uns auf den Weg nach Dijon und zur Küste.

Kein Autofahrer, der sich mit dem Spiel auskennt, wird mich bitten, diese Reise zu beschreiben oder ihm zu sagen, wo er wegen der Toten von vor fünfhundert Jahren anhalten soll oder wohin er wegen des Viehbestands von heute weiterfahren soll. Tag. Ich hatte ein schönes Auto unter mir, eine hübsche Frau im Persenning, einen Maifeiertag, der mir Leben einhauchte, und eine Straße, die so schön war, dass ein Mann im Schlaf davon träumen könnte. Und wenn der Schulmeister das nicht als Eldorado bezeichnet, dann schicke ich ihm eine Half-Penny-Karte, um herauszufinden, was genau das ist.

Es genügt also zu sagen, dass wir in aller Ruhe unterwegs waren – wir schliefen in Dijon und Lyon, waren eine Nacht in Avignon und zwei Nächte später in Nizza. Wenn es während der Reise etwas zu bemerken gab, dann war es Madames wachsende Besorgnis, als wir uns dem Mittelmeer näherten, und die Menge an Telegrammen, die sie an ihre Freunde schickte, wann immer wir zufällig Halt machten – selbst in den ärmsten Dörfern.

Ich hatte das Vergnügen, die Telegramme mehr als einmal zu lesen, als ich sie über den Ladentisch reichte; aber die auf Deutsch waren für mich nicht gut, und die auf Französisch konnte ich nur halb entziffern. Nichtsdestotrotz hatte ich den Eindruck, dass sie sich in einem Zustand großer Verzweiflung und Verwirrung befand und dass alle ihre Botschaften nur einem Zweck dienten – nämlich, dass es ihr derzeit verboten sei, irgendwohin zu gehen, und dass der Baron Albert, wer auch immer er sein mochte, sollte in ihrem Namen interviewt und davon überzeugt werden, dass sie eine Frau mit allen Tugenden sei.

Ein letztes Telegramm an einen englischen Herrn in Wien setzte dem Ganzen die Krone auf und sollte nicht missverstanden werden. Es hieß lediglich: „Ich werde die Geschichte veröffentlichen, wenn sie durchhalten." Und das schien mir eine hässliche Drohung von einem so hübschen Absender zu sein, obwohl ich über deren Bedeutung nicht mehr wusste als die Toten.

Vielleicht werden Sie sagen, dass ich ein schlechter Mensch war, weil ich überhaupt ihre Telegramme gelesen habe; dass es mich nichts anging; und dass ich dafür bezahlt wurde, den Mund zu halten. Nun ja, das stimmt, und Madame hatte in dieser Hinsicht wenig zu beanstanden, muss ich sagen. Allen und jedem, der mich in den Hotels befragte, sagte ich nur, sie sei die Frau eines ungarischen Adligen und reiste zu ihrem Vergnügen. Als wir in Nizza ankamen und ein unverschämter Polizist mich sozusagen in die Ecke drängte und versuchte, mich durch den Katechismus zu bringen, sagte ich einfach: „Kein Sprecher ." Frenchee – Herrin Americano", und dabei schüttelte er den Kopf und schrieb es in ein Notizbuch, etwa so groß wie das Hauptbuch eines Lebensmittelhändlers. Aber ich erkannte deutlich, dass dieses Kreuzverhör auf mehr zurückzuführen war als bloße Neugier der Polizei; und Als Madame mich an diesem Abend in ihr privates Wohnzimmer rufen ließ, ahnte ich sofort, dass etwas im Gange war und dass ich gleich erfahren würde, was dahinter steckte.

Ich werde mich immer an diesen Anlass erinnern, eine so schöne Nacht eines Südstaatensommers, wie man es sich nur wünschen kann. Still und sternenklar, das Meer ohne Wellen; die Schiffe wie schwarze Formen vor einem azurblauen Himmel; die Lichter der Häuser scheinen auf die mondbeschienenen Gärten; die Musik der Bands; das fröhliche Gerede der fröhlichen Leute – oh, wer würde schon nach Norden gehen, ho! Wenn die Vorsehung ihn an einem solchen Ort wie diesem absetzen würde? Und darauf war das Bild von Madame selbst – dieser Dame mit den Gazellenaugen und der milchweißen Haut, als sie mich in ihr Wohnzimmer einlud und mich aufforderte, mich zu setzen, während sie redete.

Sie hätte in Nizza an Schönheit nicht mithalten können; Ich bezweifle, dass Sie es näher als Paris und das Ritz hätten machen können. In jede Menge flauschigen Stoff gekleidet, mit einem rosafarbenen Satinrock und nackten

Armen bis zu den Schultern und einer Kette aus Diamanten um den Hals –
so gekleidet und so süß und anmutig in ihrer Art, dass sie mit mir redete, als
ob sie es getan hätte Sie kannte mich von Kindesbeinen an und bat mich, Lal
Britten, ihr zu helfen – wetten Sie, ich sagte „Ja" und sagte es so deutlich,
dass selbst sie mich nicht verwechseln konnte.

„Warum, Britten", sagt sie, „weißt du, was heute passiert ist?"

„Ich hätte es nicht erraten können, Madame", sagte ich.

„Nun, dann muss ich dir sagen: Sie lassen mich nicht nach Monte Carlo
gehen, Britten. Sie sagen, der Kaiser verbietet es."

„Aber, Madame, ist es überhaupt nötig, den alten Herrn um Erlaubnis
zu bitten? Sind Sie nicht amerikanische Staatsbürgerin?"

Sie lachte über meine Idee und fragte mich, ob ich ein Glas Portwein
möchte, was ich tat, um ihr den Gefallen zu tun; während sie ein anderes
nahm, als ob es ihr gefiele, was ich nicht vermuten kann, dass ihr das nicht
gefiel.

„Sehen Sie, Britten", sagte sie plötzlich, „eine Frau hat die Nationalität
ihres Mannes, und deshalb bin ich natürlich Ungarin. Deshalb hat der Kaiser
die Macht zu sagen, dass ich nicht nach Monte zugelassen werden darf."
Carlo gerade in dem Moment, in dem mein lieber Mann dort auf mich wartet.
Glaubst du nicht, dass es für uns beide sehr hart ist?"

„Es ist sehr hart für ihn, Madame, zu sehen, dass Sie in dem Fall
verwickelt sind. Ich würde ihn gerne kennen lernen, bevor ich dasselbe für
Sie sage und Sie um Verzeihung für die Freiheit bitte."

Sie nahm davon keine Notiz, blickte aber zum Himmel auf – und bei
diesem Spiel konnte Miss Sarah Bernhardt aus Paris sie nicht schlagen – und
rief:

„Oh mein armer Joseph, was wird er von mir denken? Ich wage nicht
darüber nachzudenken, Britten – ich wage es wirklich nicht."

„Dann sollte ich es lieber lassen, Madame. Gibt es keine Möglichkeit,
diese Entscheidung zu ändern?"

„Keine, die mir einfällt, es sei denn –"

„Es sei denn, was, Madame?"

Sie klopfte mit ihren hübschen Fingern auf den Tisch und schenkte mir
ein zweites Glas Portwein ein.

„Es sei denn, der Berg kommt zu Mahomet – aber ich schätze, du weißt
nicht, was das bedeutet, Britten, oder?"

Sie verzog dabei ihre Lippen bis zum Kusspunkt und sah mich so zärtlich an, dass ich nervös wurde – auf mein Wort hin tat ich es.

„Meinen Sie, dass Ihr Mann hierher kommen muss, Madame?"

„ Natürlich meine ich es ernst, Britten. Du musst ihn holen – mit einem Trick. Wäre das nicht großartig – sagen wir mal, wäre es nicht in Ordnung? Wenn wir sie überlisten könnten – wenn wir den Kaiser dumm aussehen lassen könnten! " "

Ich rieb mir das Kinn und dachte darüber nach. In meinem Beruf gibt es nicht viel Bescheidenheit, aber die Vorstellung, gegen einen Polizisten anzutreten, der so weit von meinem bescheidenen Zuhause entfernt ist, hat mich irgendwie gebremst, und ich merkte, dass ich trotz ihrer hübschen Augen und ihrer roten Haut wie um ein Uhr eine Fehlentscheidung getroffen habe Lippen und ihr „Nimm mich in deine Arme und küss mich"-Blick. Die Croydon-Menschen sind schon schlimm genug, aber was die Schnäbel in Montey betrifft – nun, ich habe Geschichten über sie gehört, und noch mehr.

„Es wäre in Ordnung, Madame, wenn wir es könnten", sagte ich schließlich; „aber zwischen dem Reden hier in diesem Hotel und dem Überschreiten der Grenze –"

„Oh", rief sie und unterbrach mich fast wütend – und sie hat ein teuflisches Temperament – „oh, es gibt keine Schwierigkeiten, Britten. Fahr einfach zur Eremitage, nachdem mein Mann morgen Abend zu Abend gegessen hat, und sag das, wenn er will die Neuigkeiten von Madame Clara, du kannst ihn dorthin bringen, wo er sie bekommt. Verstehst du nicht, Clara ist einer meiner Kosenamen. Er wird es gleich verstehen, und du kannst ihn zu diesem Hotel fahren. Bist du? Hast du Angst davor, Britten?"

Natürlich hatte ich keine Angst und sie wusste es. Mir ging es sowieso nichts, und ich konnte mich immer darauf berufen, dass ich ihr Diener und Engländer war und mir diesen oder einen anderen Kaiser völlig egal war. Nichtsdestotrotz, wenn sie mich nicht so angelächelt hätte, wie sie es in diesem besonderen Moment tat – sie hätte gelächelt wie ein Dummerchen im April und hätte meine Hand so sanft wie Junirosen gedrückt, was scheinbar aus Versehen geschehen wäre , ich hätte es vielleicht doch in Ruhe gelassen. So aber hatte ich mich am folgenden Abend um sieben Uhr auf den Weg gemacht, und um Viertel nach neun fragte ich in der Eremitage nach dem Grafen Joseph, der genauso voll von der Geschichte war, die ich zu erzählen hatte, wie ein Geschichtsbuch darüber Könige.

Ein schwarz-weißer *Maître d'hôtel* , ausgezeichnet mit Gold, antwortete darauf, und nachdem er mit einem halben Dutzend Kellnern gesprochen und einen weiteren Mann mit einer Hemdbrust wie eine Mercedes-Motorhaube holen ließ, verwies er mich zu einem kleinen Hotel weiter unten Monaco;

und dort empfing mich der Oberkellner ganz freundlich und sagte: „Der Herr war doch zu Hause." Nachdem ich meinen Namen, aber nicht mein Anliegen genannt hatte, wurde ich, vielleicht nach einer Pause von zehn Minuten, in ein Wohnzimmer im ersten Stock geführt, und dort stand ich einem dicken, rotgesichtigen Mann gegenüber Mann im Abendkleid; und wenn es jemals einen Martinet am Montey Way gab, dann war es dieser feine Herr. Er war dick, sage ich, und vierzig – aber zu schreiben, dass er hell war, wäre unmöglich, denn er hatte nicht mehr als etwa ein halbes Dutzend Haare auf dem Kopf, und diese waren ihm über den Hals gehangen, um ihn vor dem Wind zu schützen . Als ich eintrat, schien er Cognac aus einer langen grünen Flasche zu trinken und private Papiere so schnell zu lesen, wie er nur konnte, aber als er aufsah, blickte er plötzlich auf und hatte ein Paar böserer Augen, die ich nicht sehen möchte sehen.

„Wer hat dich hierher geschickt?" er hat gefragt.

„Eine Dame", sagte ich.

"Ihr Name?"

„Madame Clara."

Er drehte sich um und löschte den Docht einer Kerze aus, die neben ihm auf dem Tisch stand. Seiner Art nach zu urteilen, hielt ich ihn nicht für ganz nüchtern, aber nach und nach schien er sich zusammenzureißen, und dann rief er:

„Wiederholen Sie Ihre Nachricht."

„Ich muss sagen, wenn Sie Neuigkeiten über Madame Clara wünschen, kann ich Sie dahin bringen, wo Sie sie bekommen."

Nun, ich dachte, dass er lächelte, obwohl ich mir da nicht ganz sicher sein kann. Doch plötzlich stand er wortlos auf, ging in sein Schlafzimmer, brachte einen schweren Pelzmantel und eine Mütze ins Wohnzimmer und bedeutete mir, ihm dabei zu helfen. Als das erledigt war, öffnete er die Tür und lud mich ein, vor ihm den Korridor entlang zu gehen.

„Ich werde die Dame sehen", sagte er – und das war alles. Zwei Minuten später saßen wir im Auto und fuhren am „vierten" nach Nizza, und niemand störte uns oder tat mehr, als einen Blick auf unsere Papiere zu werfen, als wir an den Bahnhöfen vorbeikamen. Noch nie hatte es einen leichteren Job gegeben; Noch nie hatte ein Mann einer Frau so leicht geholfen.

Natürlich dachte ich über all das nach, als wir uns Nizza näherten und das Ende unseres Spiels nahe zu sein schien. Die alten Frauen sagen uns, wir sollen unsere Hühner nicht zählen, bevor sie geschlüpft sind, und das ist etwas, was ich normalerweise nicht tue; aber je mehr ich darüber nachdachte, desto zufriedener war ich mit mir selbst und desto größer war meine Verwunderung über den Geschmack der Dame. Dass so eine hübsche kleine Frau, so eine fröhliche Seele, so ein guter Menschenkenner – denn sie war Richterin, das schwöre ich –, dass sie sich jemals in diesen Sack Schmalz verliebt haben sollte, den ich nach Nizza fuhr – nun ja , das hat mich über alle Maßen erstaunt; obwohl es das nicht hätte tun sollen, da ich Frauen so gut kenne wie ich und sehe, wie der alte Pater Time seine schmutzigen Finger auf unsere Idole legt und aus den Besten Todesfeen macht.

Ich sage, dass ich erstaunt war, aber dieses Gefühl machte bald anderen Platz; Und als ich mit einem Sprint mein Auto vor die Tür des Hotels brachte und der goldgeschmückte Gepäckträger dem dicken alten Herrn beim Aussteigen half, trat die Neugier an die Stelle des Staunens. Ich war so besorgt wie ein Stubenmädchen am Schlüsselloch und wollte wissen, was Madame diesem zwanzig Pfund teuren Ehemann sagen würde und welche besonderen Zärtlichkeitsbegriffe er für seine Antwort wählen würde. Wenn man mit einem Lächeln eine angenehme Vorfreude ausdrücken kann, fand er an seiner gegenwärtigen Situation nichts auszusetzen, denn er grinste wie ein Gorilla, als er herunterkam, und indem er mir ganz freundlich zunickte, fragte er:

„Auf welcher Etage wohnt Madame Clara, haben Sie gesagt?"

„Der dritte Stock – Nummer 113."

„Ah", sagt er, rückt seine Brille zurecht und dreht sich um, um hineinzugehen, „das ist eine unglückliche Zahl, mein Freund", und ohne ein weiteres Wort betrat er das Hotel und ließ mich dort zurück.

Natürlich erwartete ich nicht, dass er mit mir reden würde, ich erwartete auch nicht einen Tipp von Madames eigenem Mann, aber ich hatte mit ein oder zwei Fragen gerechnet; und als er gegangen war, hielten der Portier und ich dort an und schwatzten ein bisschen, denn es war wahrscheinlich, dass das Auto in dieser Nacht noch einmal gebraucht werden würde – und um ehrlich zu sein, hoffte ich mehr als halb, dass Madame mich holen würde.

"Was ist los?" fragt der Portier – er gilt als Ausländer, aber ich weiß zufällig, dass er in der Nähe von Soho geboren wurde. „Was ist los, Kumpel ?"

„Warum", sage ich, „das ist es, was ich selbst gerne wissen würde. Können Sie nicht dem Zimmermädchen bei 113 sagen, dass es das herausfinden soll?"

„Das Dienstmädchen ist weg. Ist die alte Bucht lizenziert?"

„Alles in Ordnung bei Scotland Yard", sage ich. „Er hat einen Führerschein gemacht, und seine Papiere sind bestanden. Das ist der Mann meiner Frau."

„Oh", bemerkte er verträumt, „welches?"

„Na, der Herr, der gerade reingekommen ist."

"Arme Seele!" sagt er auf äußerst ärgerliche Weise: „Wie schnell verliert sie sie ? Ich frage mich, wer für die Grabsteine bezahlt?"

"Kennst du sie?" fragte ich, denn seine Worte verblüfften mich.

Er schüttelte darüber den Kopf und kratzte sich dann daran, als wollte er nachdenken.

„ Das letzte Mal", sagte er plötzlich, „ das letzte Mal, dass sie ein oder zwei in Cannes fallen ließ, denke ich – Aber, Herr, liebe mich, was ist das?"

Er trat zurück auf den Bürgersteig und schaute zum Fenster von Zimmer 113 hinauf. Ich hatte den Shindy genauso gut gehört wie er – ein regelmäßiger Schrei, als ob eine Frau wahnsinnig in Wutanfällen wäre, und darauf ein Krachen von Glas und Stille – während der Portier und ich uns nur anstarrten.

"Stimmen für Frauen!" sagt er plötzlich und auf eine so komische Weise, dass ich unwillkürlich lachen musste; aber bevor ich ihm antworten konnte, was denkst du? Nun, heraus kam der alte Herr, genauso ruhig und lächelnd wie vor zehn Minuten.

„Du wirst mich zurück nach Monaco fahren", begann er. Ich fragte ihn, auf wessen Befehl hin; Aber da sah er aus wie ein fleischgewordener Teufel und sprach so laut , dass ich mich vor ihm fürchtete.

„Du wirst mich zurück nach Monaco fahren oder die Nacht im Gefängnis verbringen!" er schrie. „Was bevorzugen Sie?"

„Oh", sage ich, „da kommst du rein!" Und da ich Holländer bin, ist er tatsächlich reingekommen, und ich habe ihn zurück zum Hotel in Monaco gefahren – es war ungefähr um ein Uhr morgens, und das war überhaupt kein Fehler. Als er endlich rauskam, hätte kein Baby in Kleidern unschuldiger aussehen können, und er reichte mir einfach ein paar Louis, wie ein Vater, der seinen einzigen Sohn segnet.

„Du fährst sehr gut, mein Junge. Wo hast du es gelernt?"

„Auf einem guten Auto, Sir. Henri Fourtnier hat mir etwas über die Zeit des zweiten Gordon Bennett erzählt. Aber ich nehme nicht an, dass Sie sich daran erinnern."

„ Sicher erinnere ich mich daran. Der verstorbene Graf Zborowski war einer meiner Freunde. Lassen Sie mich Ihnen einen kleinen Rat geben. Es ist besser, für einen Herrn zu fahren als für eine Dame.“

„Ich bitte um Verzeihung, Sir?“

Aber er wedelte schwungvoll mit der Hand und rief: „A bonny arntarndure “ oder so etwas in der Art, verschwand in seinem Hotel und überließ es mir, darüber nachzudenken, was mir gefiel. Und ich habe viel nachgedacht, als ich nach Nizza zurückfuhr, das versichere ich Ihnen – für ein Rommé- Spiel, an dem ich noch nie beteiligt war, und das ist die Wahrheit, auf mein Wort und meine Ehre …

Als ich die Garage erreichte, war es schon heller Tag, und natürlich konnte ich nicht daran denken, Madame zu sehen. Ich persönlich war zu müde, um zu fragen, ob sie mich wollte oder nicht; und als ich in mein Schlafzimmer ging, muss ich bis neun Uhr geschlafen haben, ohne ein Augenlid zu heben. Zu dieser Stunde weckten mich die Stiefel in einem Schockzustand und sagten mir, dass Madame mich ohne einen Moment Zeitverlust sehen müsse. Ich zog mich trotzdem an und ging zu ihr hinunter. Arme kleine Frau, in was für einem Zustand sie war! Ich glaube nicht, dass ich jemals in meinem Leben ein traurigeres Bild gesehen habe.

Keine flauschigen Sachen und feiner rosa Satin mehr, sondern ein schäbiges altes Morgenkleid und ihr Haar jedenfalls auf den Schultern, und in ihren Augen der Ausdruck einer Frau, die gejagt wurde und nicht weiß, wo auf Gottes Erde sie sie finden wird Wohnen. Ich habe es zweimal in meinem Leben gesehen und möchte es nie wieder sehen – denn welcher Mann mit Herz würde sich das wünschen?

„Britten“, sagt sie, fast wie eine Schauspielerin auf der Bühne eines Theaters, „Britten, weißt du, was letzte Nacht passiert ist?“

„Nun“, sage ich, „im Übrigen ist viel passiert; aber wenn Sie von dem Herrn sprechen, Ihrem Mann –“

„Mein Mann!“ – Sie hätten sie lachen hören sollen; Es war genau wie eines der Tiere im Zoo – „mein Mann! Das war nicht mein Mann! Das war der Baron Albert – der Mann, den ich mehr fürchte als jeder andere auf der Welt. Wie konntest du so einen Fehler machen, Britten ?"

Ich schüttelte den Kopf.

„Madame“, sage ich, „es tut mir sehr leid, aber ich habe den ersten genommen, der vorbeikam, und auf den Namen geantwortet. Es muss die Schuld des Oberkellners gewesen sein.“

Sie ballte die Hände und begann wild vor Ratlosigkeit im Zimmer auf und ab zu gehen.

„Es war alles geplant, Britten – alles geplant. Sie wussten, dass ich Graf Joseph holen sollte, und dieser Bösewicht kam aus Wien, um mich zu vereiteln. Er muss die Bediensteten im Hotel bestochen haben. Und was sagen Sie jetzt dazu? „Ich soll aus Frankreich verbannt werden – er schwört es. Sie haben nach Paris geschrieben, und das Dekret kann jeden Moment kommen. Ich soll verbannt werden, Britten – vertrieben wie ein gewöhnlicher Verbrecher! Oh, was soll ich tun? Mein Gott, was soll ich tun?

Das war eine Frage, die ich nicht beantworten konnte, aber es kam mir wirklich böse vor, eine Frau so zu behandeln, und ich schämte mich nicht, es zuzugeben.

„Gibt es in Frankreich ein Gesetz, das Sie ausweisen kann, Madame?" Ich fragte. Sie antwortete schnell genug.

„ Das gibt es auf jeden Fall , Britten. Ich weiß alles darüber. Sie können mich mit einer Frist von vierundzwanzig Stunden rausschicken."

„Warum gehen Sie nicht zum amerikanischen Konsulat, Madame?"

„Oh, du verstehst das nicht. Wenn mein Mann nur hier wäre! Oh, dann würden sie mich nicht beleidigen – selbst wenn du mein Mann wärst, Britten."

Bei meinem Leben und meiner Seele glaube ich, dass sie es ernst meinte. Als sie vor mir stand, war ein Ausdruck in ihren Augen, der mir deutlich genug verriet, was was war, es sei denn, ich bin der größte Narr der Christenheit. Ein Wort, und ich hätte diese schöne Dame in meine Arme nehmen können. Ich würde es schwören.

Und was hat es mir verboten, fragen Sie? Nun ja, vielleicht hatte ich letzte Nacht ein Glassplittern gehört, vielleicht auch nicht; Aber ich glaube, es war die dumme Bemerkung dieses Porters über „Stimmen für Frauen", die mich mehr als alles andere abschreckte. Also trat ich einen Schritt zurück und antwortete ihr mit mehr Respekt als je zuvor.

„Ich werde dafür sorgen, dass Sie niemand beleidigt, solange ich Ihr Diener bin, Madame. Wenn ich Ihnen einen Vorschlag machen darf, würde ich Ihnen raten, diese Stadt zu verlassen."

Sie sah mich nachdenklich an.

„Und wohin soll ich gehen, Britten?"

„Zurück nach Paris, Madame – dort werden sie Ihnen nicht in die Quere kommen."

„Aber mein Mann – mein lieber Mann?"

Ich zuckte mit den Schultern.

„Vielleicht kommt Mahomet zu Ihnen , Madame."

Jetzt war es an ihr zu lachen; aber ich erfuhr bald, dass mein Vorschlag ihr nichts nützte, und zwar aus einem sehr einfachen Grund.

„Ah", sagte sie, „Männer sind seltsame Wesen, Britten. Wenn wir es tun, tun sie es nicht; und wenn wir es nicht tun, warum, dann geben sie uns Schmuck . Ich kann nicht nach Paris zurückkehren. Wenn ich es tue, ein Polizist begleitet mich."

„Nehmen Sie ihn mit auf den Bock und nennen Sie ihn einen Lakaien – es sei denn, Sie möchten lieber sofort nach London fahren, Madame."

Sie betonte dies ausdrücklich.

„Ich kann nicht, Britten! Ich muss in Paris bleiben. Es ist meine letzte Chance, Graf Joseph zu sehen, bevor er für den Sommer nach Wien zurückkehrt. Oh, gibt es keine Möglichkeit? Ist das ganz unmöglich?"

Ich habe mir am Kopf gekratzt. Etwas war seit einigen Minuten darin.

„Möchten Sie neben mir auf der Loge sitzen, Madame?"

Sie war ganz Ohr.

„ Natürlich hätte ich nichts dagegen. Bin ich nicht selbst Auto gefahren? Graf Mendez hat es mir letztes Jahr in Cannes beigebracht."

„Könnten Sie mit diesem Auto ein Stück auf der Straße nach Italien fahren?"

„Ja, das könnte ich sicherlich. Aber wie würde uns das helfen?"

„Angenommen", sagte ich, „dass Ihnen mein alter Regenmantel nichts ausmacht, Madame. Den habe ich und eine Ledermütze, die ich für das kalte Wetter aufbewahre. Wenn Sie sie aufsetzen und sich neben mich setzen würden, denke ich." Wir könnten es tun. Sie können fahren, wenn es nötig ist.

Sie klatschte so laut in die Hände, dass ich dachte, sie würden uns unten auf der Promenade des Anglais hören.

„Ich werde es tun, Britten – da ich eine lebende Frau bin, werde ich es tun. Geh und bring deine Kleidung mit. Wir haben vielleicht keine Stunde Zeit. Ich werde sie schon betrügen, Britten. Oh, du bist schlau." Mann – du bist ein kluger Mann, dass du daran gedacht hast.

„Vielleicht fangen wir in der Abenddämmerung an, Madame. Bezahlen Sie Ihre Rechnung und geben Sie bekannt, dass wir heute Nachmittag nach Italien fahren. Sie brauchen nicht zurückzukommen. Ich besorge Ihnen ein Privatzimmer neben der Garage, wo Sie können Kleingeld, und wir können losfahren wie zwei Kutscher auf dem Logenplatz, und keiner merkt es auch nur im Geringsten. Wenn du in Paris ankommst, kann ich dich in ein kleines Hotel bringen …"

Sie war dabei wie ein Kind.

„Aber von all den klugen Männern! Du sollst in Paris auf mich aufpassen. Ich werde dich nicht vergessen, Britten, und ich bin für alles reich genug – im Moment. Du sollst bei mir bleiben, bis Graf Joseph kommt –"

Ich dachte mir, dass es in diesem Fall eine zu lange Verlobung wäre; Aber es gab keinen Grund, ihr etwas Derartiges zu sagen, und ich hielt nur inne, um meine Anweisungen zu wiederholen, ging dann zur Garage und machte mich fertig. Wenn Madame selbst von der Aussicht, dem dicken Mann den Garaus zu machen, aufgeregt war, war ich es nicht weniger; und ich versichere Ihnen, dass mich noch kein Jungenspiel, das ich jemals gespielt habe, auch nur halb so begeistert habe. Das Beste von allem war der Gedanke, dass unsere Schnelligkeit ihnen zuvorkommen würde; und wenn die Behörden tatsächlich beschließen würden, sie auszuweisen, müssten wir lange vor dem Erlass des Edikts auf dem Weg nach Paris sein.

Was danach passieren würde, war mir gleichgültig; Denn Paris ist für einen richtigen Autofahrer dasselbe wie London, und ich fühle mich auf den Champs- Élysées genauso zu Hause wie in der Regent Street. Also überließ ich das dem Glück, und als ich mich an den Plan machte, hatte ich meine Sachen gepackt und das Auto in weniger als einer Stunde fertig gemacht, und pünktlich um vier Uhr nachmittags holte ich Madame und ihre Koffer an der Tür des Hotels ab und machte sich kühn auf den Weg, als wollte er sie an die italienische Grenze bringen. Aber bevor wir eine Meile zurückgelegt hatten, kehrte ich um, ging direkt auf das kleine italienische Hotel neben der Garage zu, schmuggelte sie hinein, ohne dass eine Menschenseele etwas davon mitbekam, und ebenso geschickt kurz nach Einbruch der Dunkelheit wieder hinaus. Sie war damals genau so gekleidet, wie ich es Ihnen erzählt habe – Regenjacke bis zu den Ohren und eine flache Ledermütze, die perfekt zu ihrem hübschen Gesicht passte. Aber jeder Narr hätte in zwanzig Metern Entfernung erkennen können, dass es sich um eine Frau handelte; und ich begann zu fragen, wer der größere Idiot sei – ich, weil ich den Vorschlag gemacht habe, oder sie, weil sie ihn angenommen hat? Es war jedoch zu spät, daran zu denken, und im Vertrauen darauf, dass das Glück uns durchbringen würde, und vielleicht in der Annahme, dass die ganze Angelegenheit bald zu

Ende sei – und dass es kein gutes Ende geben würde –, ließ ich das Auto los und machte mich auf den Weg direkt nach Brignoles.

Ich weiß wirklich nicht, welche Furcht vor Gefahr sie oder ich im Kopf hatte. Manchmal denke ich, dass sie eine alberne Vorstellung davon hatte, was der französische Präfekt ihr angetan haben könnte, indem sie, wie Frauen es tun, die tatsächliche Situation übertreibt und schreckliche Angst vor „Ausländern" hat.

Ich persönlich wollte sie trotz des Versuchs, uns aufzuhalten, nach Paris zurückbringen; vielleicht wollte ich es mit dem rotgesichtigen Mann aufnehmen, der mich letzte Nacht herumkommandiert hatte; Aber wie auch immer es war, ich hätte jedes Mal lachen können, wenn ich auf dieses seltsame kleine Bündel an meiner Seite geschaut und daran gedacht hätte, wie es letzte Nacht war, ganz in Federn gekleidet und raschelnd wie die Blätter. Dennoch erwähnte ich es nicht; und zu ihrer ebenso großen wie meiner Überraschung passierten wir Fréjus , ohne dass uns jemand aufhielt, und fuhren ohne Erlaubnis oder Behinderung durch die ganze Nacht. Erst im Morgengrauen begann ich, mir einige Fragen zu stellen – und es waren unangenehme Fragen. Was zum Teufel sollte ich mit ihr in den Städten machen? Warum hatte ich nie daran gedacht? Natürlich trug sie meinen langen Regenmantel; aber wer würde sie nicht erkennen , und wie würde das Gespräch aussehen?

Hundert Schwierigkeiten, von denen ich gestern Abend nicht an eine gedacht hatte, tauchten immer wieder auf wie Zwerge in einem Puppenspiel; Und als ob das Ganze noch krönender wäre, knallte in diesem Moment der vordere Hinterreifen , und da standen wir um fünf Uhr morgens am Straßenrand, an einem so trostlosen Ort, wie man ihn sich nur wünschen kann, und nicht an dem wohin das Auge auch blickt, ein Zeichen für ein Haus oder ein Dorf.

Nun hatte Madame auf meiner Schulter fast geschlafen, als das passierte, aber sie wachte bei dem Bericht auf und blickte um sich herum, als hätte sie geträumt.

„Wo sind wir, Britten?" Sie fragte. „Was ist mit uns passiert?"

„ Der Reifen ist weg, Madame. Ich muss Sie bitten, herunterzukommen."

Dabei wachte sie auf und stieg sofort aus. Ich konnte sehen, dass sie einen klareren Kopf hatte als letzte Nacht, wenn nicht sogar weniger verängstigt.

„Das war eine sehr dumme Sache, Britten. Wir werden sicher verfolgt."

„Das kann sein, Madame. Ich fürchte, jetzt ist es zu spät, darüber nachzudenken. Meine Aufgabe ist es, diesen Reifen reparieren zu lassen."

„Wird es sehr lange dauern, Britten?"

„Normalerweise dreißig Minuten. Aber es ist ein neues Cover und steif – ich würde sagen vierzig."

„Dann kümmere ich mich um das Frühstück. War das nicht klug von mir? Ich habe eine Thermoskanne und einen Korb mitgebracht. Wir frühstücken in dem kleinen Wäldchen am Hang. Wenn uns niemand folgt „Ich kann in Aix wieder ich selbst sein, und schließlich kommen wir nach Paris. Aber oh, Britten, ich muss in deinen Kleidern wie ein Objekt aussehen. Warum hast du mich jemals gebeten, sie zu tragen?"

Ich habe eine trockene Antwort gegeben. Ein Mann, der mit einem 935 x 135 großen Cover ringt, ist nicht gerade in der Stimmung, einer Frau ein Kompliment für ihren Firlefanz zu machen oder über die Berge zu reden. Und ich bin nichts weiter als ein Mensch, alles gesagt und getan, und der Anblick des Essens, das sie aus dem Korb nahm, löste in mir ein Gefühl der Verzweiflung aus. Also drehte ich ihr den Rücken zu und sie ging ins Wäldchen , um wie versprochen das Frühstück zuzubereiten. Keine fünf Minuten später hörte ich in der Ferne das Summen eines anderen Autos, und als ich von meinem Lenkrad aufblickte, sah ich einen großen roten Mercedes wie einen Rennwagen den Hang hinunterfahren in Brooklands .

Ich wusste, dass uns das bevorstand; Mein Instinkt sagte mir sofort, dass wir von Frejus oder Nizza aus verfolgt worden waren und dass die Gefahr an Bord des Fliegers lauerte und in weniger als zwei Minuten bei uns sein würde. Was zu tun war, ob ich Madame zurufen sollte, sie solle fliehen und sich verstecken – das zu tun oder einfach mit meiner Arbeit fortzufahren, als wäre nichts passiert, war ein Problem, das einen Mann halb albern machte. Aber am Ende hielt ich hartnäckig durch, und als das große Auto neben mir vorfuhr, schaute ich nur auf und nickte dem Fahrer zu, als wollte ich ihm signalisieren, dass alles in Ordnung sei.

„Bon jour", sagt er.

„Morgen", sage ich.

„ Vous-êtes en panne, mon ami ?"

„Zum ersten Mal", sage ich – denn diese Worte versteht jeder Autofahrer, der an der Riviera war – „in die Pfanne und das Fett zusammen. Wo bist du hin?"

„Brignoles et Paris. Mehr où donc „Ist Madame?"

Ich schaute auf, mein Herz klopfte schnell, und warf einen Blick in seine Persenning. Der rotgesichtige Mann war zwar da, schlief aber tief und fest wie ein Pfarrer über seinem leeren Portweinglas. Konnte ich diesen hübschen Franzosen überreden, mit seiner Arbeit weiterzumachen, wir waren mit Sicherheit schon halb aus dem Gröbsten raus. Aber könnte ich? Herr, wie meine Hände zitterten, als ich antwortete:

„Madame est allé dans le train – Paree – Calais – moi je suis seul „– was ziemlich gut war, dachte ich, obwohl das nicht der richtige Zeitpunkt war, es zu sagen.

Nun, es schien erfolgreich genug zu sein. Der Frenchee warf einen Blick nach rechts und einen Blick nach links von sich, öffnete den Gashebel, als wollte er die Kupplung einlegen, schloss sie wieder, nahm die Seitenbremse ab und dann, gerade als ich mir vorstellte, dass wir es waren durch, was glaubst du, was der Narr tut? Na ja, dreht sich absichtlich um und weckt den rotgesichtigen Baron.

Was zwischen ihnen vorging, kann ich nicht sagen, denn die Franzosen gingen hin und her wie ein Blitz zwischen den Sommerwolken. Aber eines bin ich mir sicher: dass der alte Baron mich noch nie so teuflisch anlächelte, als er aus dem Laderaum stieg und einen raschen Blick auf die Szene warf, als wäre er seiner Beute bereits sicher.

„Ah", rief er, „hier ist noch einmal unser treuer Freund. Guten Tag, Mr. Britten. Ich hoffe, es geht Ihnen gut?"

„Du siehst mich neben dem Teufel", sagte ich – denn hier draußen auf der Bergseite machte ich mir nichts aus ihm. Bluff war an diesem Morgen jedoch völlig aussichtslos. Ich hatte meinen Partner kennengelernt und wusste es.

„Britten", sagt er, nimmt eine große Zigarre aus einem Etui und zündet sie mit herausfordernder Überlegung an. „Sollen wir einen Waffenstillstand schließen, Britten?"

„Machen Sie, was Sie wollen", sage ich. „Dieses Auto muss nach Paris, um meine Geliebte abzuholen. Wenn es zu einem Waffenstillstand kommt, nehme ich etwas mit, genau hier."

Er lächelte wieder, aber so sanft, dass ich ihn hätte schlagen können.

„Wo versteckt sie sich, Britten?" fragte er fast flüsternd. „Wo hat diese sehr hübsche Dame ihre Reize versteckt? Komm, sag es mir, mein Junge, und ich gebe dir fünf Louis. Was hat es für einen Sinn, so dumm zu sein?"

Ich antwortete nicht mit einem Wort, und er warf einen weiteren Blick auf die Hügel. Glücklicherweise waren es in der Schlucht, wenn es ein einziges Unterholz gab, zwanzig, und als ich sah, wie er zum falschen ging, dachte ich, ich müsste sofort in Gelächter ausbrechen. Ich bin froh, sagen zu können, dass ich das nicht getan habe; Aber ich ging ruhig meiner Arbeit nach, hatte den neuen Einband sofort eingelegt und war bereit, loszulegen. Von diesem Moment an begann die komische Situation – denn sie war lustig, wie ich lebe – mit aller Ernsthaftigkeit und dauerte einen ganzen heißen Sommertag lang – bis tatsächlich die Dämmerung hereinbrach und das Problem für immer erledigt war.

Können Sie sich nicht vorstellen, was passiert ist, und die Ironie des Ganzen erkennen? Stellen Sie einen großen offenen Abgrund zwischen den Hügeln dar, überall kleine Kiefernwäldchen und mehr als ein Dickicht; Eine weiße Straße schlängelte sich durch das Tal, auf der zwei Autos stecken blieben.

Nehmen wir an, da wäre ein dicker Baron gewesen, der wie ein Hund auf der Jagd nach Kaninchen hin und her trottete ; zwei müde und hungrige Chauffeure absetzen, die aus Mangel an Fleisch hungerten und ihr Schicksal verfluchten; Tun Sie dies und fügen Sie hinzu, dass sie beide Geschlechter gleichgültig beschimpft haben, und Sie werden die Sache auf den Kopf stellen. Aber ich versichere Ihnen, dass es angenehmer ist, darüber zu lesen, als zu leiden; und das würde jeder Autofahrer zugeben.

Mein Gott, was war das für ein Tag! Ich muss Ihnen sagen, dass der dicke Baron die Jagd erst gegen zwölf Uhr aufgab; Aber als er jedes Dickicht im Umkreis von einer Meile oder mehr abgesucht hatte, kam er zu uns zurück und machte es sich absichtlich in seinem Auto bequem. Was mich betrifft, ich habe mich in keiner Weise getraut, auch nur einen Schritt zu machen. Wenn ich weitergegangen wäre, hätte ich Madame im Wald zurückgelassen; Wenn ich hingegen blieb, blieb er – und da hatten Sie es. Und dieses Spiel dauerte wohlgemerkt bis zum Einbruch der Dunkelheit und hätte noch länger gedauert, wenn mir nicht der Instinkt gekommen wäre, der ganz plötzlich wie ein vom Himmel fallender Gedanke kam: dass Ihre Ladyschaft uns beiden doch entwischt hat und es auch tun würde bereits dort sein, wo der Baron Albert sie nicht finden konnte. Diese Idee, die sich zu einer unumstößlichen Überzeugung entwickelte, entschied mich schließlich. Ich startete meinen Motor, bestieg meinen Logensitz und fuhr ohne ein Wort zu einem von ihnen sofort nach Brignoles – von dort, ohne eine Frage von irgendjemandem, nach Paris und zu meinem Herrn.

Drei Monate später erhielt ich einen Brief von Madame, adressiert von der Yacht *Mostar*, damals in norwegischen Gewässern. Sie schickte mir zehn Pfund für mich selbst, und nachdem sie mir erzählt hatte, dass sie mit Baron Albert und seiner Schwester unterwegs war – eine Neuigkeit, die mir ziemlich den Atem raubte –, bemerkte sie weiter, dass die Zugverbindung von Brignoles nach Aix ausgezeichnet sei. aber dass sie es vorzog, die Reise nicht mit einer Ledermütze und einem Regenmantel anzutreten.

Also, wissen Sie, ich vermutete plötzlich, dass sie sich, während wir an diesem Morgen über sie sprachen, nach Brignoles verkrochen hatte und einfach mit dem Frühexpress nach Aix gefahren war, ohne irgendjemandem ein Wort zu sagen. Wir waren erst drei Kilometer von der Stadt entfernt, als der Reifen platzte, und so konnte die Fahrt sie kaum ermüden.

Was ihren Ehemann betrifft, den sogenannten Grafen Joseph, erfuhr ich später in Paris, dass er überhaupt nicht ihr Ehemann sei, sondern ein reicher junger ungarischer Adliger, den sie verzweifelt zu heiraten versuchte. Der Graf Albert war von den Leuten des jungen Mannes nach Monte Carlo geschickt worden, um ihn vor dieser ehrgeizigen Dame zu beschützen, und er scheint das Geschäft tatsächlich erledigt zu haben, denn er muss sie später in Paris gefunden und ihr die Gastfreundschaft seiner Yacht angeboten haben .

Ich hoffe, seine Schwester war an Bord; Das hoffe ich tatsächlich.

Aber das ist eine Rumwelt – und Gott, der Skandal, an den manche Leute denken, macht mich manchmal ziemlich unglücklich.